신비로운 오컬트 세계로의 초대

일러두기

- 모든 각주는 옮긴이의 주입니다.

신비로운 오컬트 세계로의 초대

오컬트 초심자를 위한
완벽 가이드

시그마북스
Sigma Books

신비로운 오컬트 세계로의 초대

발행일 2023년 2월 10일 초판 1쇄 발행
지은이 드보라 립
옮긴이 김문주
발행인 강학경
발행처 시그마북스
마케팅 정제용
에디터 최윤정, 최연정
디자인 강경희, 김문배

등록번호 제10-965호
주소 서울특별시 영등포구 양평로 22길 21 선유도코오롱디지털타워 A402호
전자우편 sigmabooks@spress.co.kr
홈페이지 http://www.sigmabooks.co.kr
전화 (02) 2062-5288~9
팩시밀리 (02) 323-4197
ISBN 979-11-6862-108-4 (03180)

* 시그마북스는 (주) 시그마프레스의 단행본 브랜드입니다.

Contents

들어가며

오컬트의 비밀스러운 세계

나는 최근에 어깨부상을 입는 바람에 MRI 촬영을 해야만 했다. 폐쇄공포증은 없지만 상황은 극단적이리만큼 안 좋았다. MRI 기계가 내 코 위로 고작 5센티미터 남짓 떨어져 있었고 몸 양쪽을 꽉 조여왔다. 나는 몇 가지 명상기법을 발휘해보려 했지만 벌써부터 불안에 떨면서 겁이 왈칵 나는 바람에 너무 늦어버리고 말았다. 결국 아무것도 할 수 없었고, 기계 안으로 완전히 들어가기도 전에 패닉 버튼이 눌렸다.

영상의학과 의사가 더 큰 기계를 갖춘 병원으로 옮길 수 있도록 예약을 잡아주었다. 나를 위해 굳이 스케줄을 바꾸어준 것이기 때문에 MRI 촬영을 할 수밖에 없었다. 기다리는 동안 나는 숨을 깊게 들이마시고 눈을 감은 뒤 이렇게 말했다. "성스러운 수호천사여, 이 시간 동안 제가 차분함을 유지할 수 있게 해주소서. 성스러운 수호천사여, 저를 공포와 두려움으로부터 지켜주소서." 그리고 기계 안으로 들어가면서 나는 수호천사가 함께 있어서 보호받는 듯한 차분함을 느꼈다. 안대와 귀마개를 한 채 끔찍한 소음과 불편한 공간을 모른 체하며, 카발라의 생명나무를 머릿속에 떠올렸고 깊은 명상으로 빠져 들었다.

명상을 하거나 생각을 통제하고, 천사들과 함께 힘을 합치거나 생명나무를 떠올리는 등 이 오싹한 경험을 거치는 동안 내게 도움이 되었던 모든 것들은 광활한 오컬트 세계의 극히 일부에 지나지 않는다. 그 외에도 점성술과 타로처럼 잘 알려진 분야나 아니면 시길sigil처럼 좀 더 이해하기 어려운 개념들도 오컬트에 속한다.

'오컬트Occult'라는 단어 자체를 정의하자면 그저 '비밀의, 숨겨진, 또는 불가사의한'이란 의미다. 그러나 우리가 아는 오컬트는 마법이나 연금술 등 초자연적인 영역을 모두 포함한 기법과 연구 세계를 가리킨다. 이 정의는 이 책 전체에 적용되는데, 다만 여러 점성술사나 위칸Wiccan, 룬 연구자 등은 자신을 오컬티스트라고 여기지 않는다. 서양에서는 기독교가 부흥하면서 초자연적인 현상을 가지고 작업하는 것을 악마와 관련 지은 탓에 오컬트가 금기가 되었다. 그러나 오컬트는 기독교보다 앞서 탄생했고 몇 천 년 동안 세계 곳곳에 존재해왔다.

나는 40년 전부터 오컬티스트였다. 두서없이 나열하자면, 마녀이자 위칸이고, 의식주의자, 타로 해석가이자 뼈 해석가, 이교도, 마술사이면서 카발라교도다. 나는 (여러 주제들 중에서도) 위카와 마녀술Witchcraft, 타로, 마법Magic, 그리고 원소에 관한 책을 써왔다. 1981년 내가 처음 위칸이 되었을 때 '위카Wicca'라는 단어는 마녀술과 같은 뜻으로 간주되었다. 오늘날, 위칸이 아닌 마녀들도 존재하지만, 자신을 마녀라고 생각하지 않는 위칸들도 있다. 이 부분에 관해서는 나중에 더 자세히 살펴보자.

이 모든 신념과 관행들은 서로 연결되어 있다. 예를 들어, 원소는 타로와 점성술, 의식마법, 연금술, 그리고 카발라뿐 아니라 위칸 의식에서도 두드러지게 나타난다. 의식마법Ritual Magic은 흔히 좁은 의미로 제식마법Ceremonial Magic과 동의어로 취급되면서도, 의식을 진행하는 온갖 종류의 마법이 속속들이 반영되어 있다.

따라서 여러분이 관심을 가지는 분야가 주술이든 이교주의든, 아니면 점성술, 또는 천사든 간에 오컬트 전체를 살펴볼 가치가 있다. 책을 읽는 동안 여러분은 오컬트적 흥미가 서로 이어져 있음을 깨닫게 될 것이며, 오컬트를 전반적으로 연구하면서 개별적인 주제 하나하나에 맥락을 짚고 깊이를 더할 수 있을 것이다. 이에 더해, 새로운 주제와 사랑에 빠지게 될 수도 있다!

오컬트란 정확히 무엇인가?

인류 역사상 세계 어디를 가든 언제나 미스테리가 존재해왔고, 그 미스테리에 관심이 있는 사람들도 항상 존재해왔다. 우리가 스스로 던지는 질문 중 일부는 우리의 존재에 관련되어 있다. 예를 들어, '우리는 누구지?', '우리는 왜 여기에 있지?', '탄생이란 뭐지?', '죽음이란 뭐지?' 같은 것들이다. 또 다른 질문으로는 자연과 자연현상, 하늘, 별, 땅에 관한 것들도 있다. 우리는 운명에 관해서, 심지어는 '이 다음에 무슨 일이 생길

까?' 같은 소소한 것들에 관해서 물을 수도 있다.

그러나 인간들이 궁금해 하는 여러 질문들은 다음으로 수렴한다. 이 삶은 무엇을 의미하는가? 이 모든 게 함께 엮여 있는가? 그 이면에 지혜가 숨어 있는가? 태초부터 이런 질문들은 세계 곳곳에서 툭툭 모습을 드러냈다. 인간들은 이 질문들을 던지고 답을 찾으며, 연구하고 분석하고 더 알 수 있길 간절히 바라면서 과학과 종교를 모두 발전시켰다. 또한 오컬트도 발전해나갔다.

오컬트의 정의는 세월이 흐르면서 변해갔다. 어느 정도는 일반대중들이 납득할 만한 생각과 관행 역시 세월이 흐르면서 변해갔기 때문이다. 예를 들어, 디기탈리스 화초에서 성분을 추출해 강심제로 사용하는데, 이는 본래 토속주술사들이 쓰던 여우장갑이라는 약초다(오늘날에도 여전히 약재로 쓰인다). 의학과 기상학, 천문학, 그리고 화학은 모두 오컬트 기술(또는 오컬트 과학)에서 비롯되었다. 이 중 무엇이든 간에 일단 사회 전반에서 받아들여지면, 더 이상 '비밀'이나 '숨겨진 것'이 아니며, 따라서 더 이상 오컬트가 아니라고 간주된다(마치 여러분이 좋아하던 쿨한 밴드가 대대적으로 히트를 치게 되면 더 이상 쿨하지 않게 느껴지는 것과 비슷하다).

그렇다면 오늘날 오컬트는 어떻게 '취급'되는가? 어쩌면 오컬트를 초자연과 동의어라고 생각하는 사람도 있겠으나, 초자연은 유령의 출몰이나 도깨비, 심령적인 존재처럼 현상이나 사건을 가리킨다. 반면에 우리가 '오컬트'라는 용어를 사용할 때는 이런 현상을 '연구'한다는 의미가 된다. 오컬티스트는 보이지 않는 것들을 터득하기 위해 연구하는 사람이다.

목차를 훑어보면 오컬트의 카테고리 안에 무엇이 들어가는지 감이 올 것이다. 바로 마법과 마녀술, 점성술, 연금술, 그리고 점 등이다. 기본적으로 이 과학들은 미지의 세계를 연구하거나 통제하기 위해 발전해왔으나, 합리주의자들이나 포스트 계몽주의적 세계관을 지닌 이들은 여전히 이 알 수 없는 측면들을 받아들이지 않는다. 예를 들어, 화학은 더 이상 오컬트로 취급받지 않는다. 화학이 연금술에서 분리되어 나온 뒤 언젠가부터 주류가 되었기 때문이다.

서양에서 중세시대 로마가톨릭교회의 부흥은 오컬트를 지하세계로 몰아넣었다. 가장 다루기 쉬운 치유주문조차 악마에게서 나온 것이라는 의심을 받았고, 산파술 역시 동일한 이유로 (그리고 토속주술사들이 보통은 산파였기 때문에) 오래도록 금지되어서 출산은 더욱 위험해졌다. 오늘날 대부분의 사람들은 산파를 악마와 같다고 생각하지 않는다. 그리고 건강을 위해 허브차를 마시는 것 역시 전혀 꺼림칙하지 않을 것이다. 하지만 출산을 돕기 위해 진통하는 여성을 가운데에 두고 그 주변에 똑같은 허브를 원 모양으로 흩뿌려보자. 그러면 갑자기 오컬트처럼 보일 것이다. 반면에 인도에서 아유르베다(전통적인 인도의학)는 절대로 어둠의 세계로 밀려나지 않았다. 또한 중국에서도 점성술을 강제로 엄폐하는 일 없이 2200년 이상 행해왔다.

현재의 서양으로 급히 돌아와보자. 많은 오컬트 기술들이 좀 더 고상한 모습으로 다시 나타났다. 사람들은 점성술을 비웃으면서도 관심을 가진다. 미국인의 약 절반 정도가 초능력과 영적 치유를 믿는다. 오늘날 오

종교와 오컬트

모든 종교에는 개방적인 면과 은밀한 면이 존재한다. 개방적이라는 것은 누구나 접근 가능하고 쉽게 눈에 띄는 것을 가리키고, 반면에 은밀하다는 것은 종교의 비밀스럽고 숨겨진, 그리고 불분명하고 신비스러운 측면을 가리킨다. 예를 들어, 기독교에는 기독교 신비주의가 있고, 유대교에는 카발라가 있으며, 이슬람교에는 수피교가 있다. 교회나 회당, 모스크에 가는 사람들 가운데 일부만이 종교의 은밀한 부분에 관심을 가진다.

황홀경이나 환각에 빠지는 상태를 추구하는 신비주의는 그 자체로는 오컬트가 아니다. 그 누구도 아빌라의 테레사(르네상스 시대 스페인에서 신비적이고 환각적인 체험을 한 성녀)를 오컬티스트라 생각하지 않는다. 그러나 신비론자들이 개인적인 욕구를 채우거나 영적인 목표를 달성하기 위해 특정한 연구나 상징, 의식 등을 활용한다면 이는 오컬트로 간주될 수 있다. 그리고 어쩌면 특히나 종교에서 비롯되었다 할지라도 금단의 것으로 여겨질 수 있다.

어떤 종교들은 관행에 오컬트 기술을 바로 적용하고, 그 결과 오컬트로 의심을 받기도 한다. 위카, 그리고 마녀술이나 주술의 관행을 생각해보자. 위카는 오컬트 기술이 표준이 되는 종교다. 일부 위칸들이 마녀술과 거리를 두려고 하는 이유 중 하나는 이런 오컬트에 대한 불편함 때문이다. 게다가 서양에서는 유색인종의 종교관행을 수상쩍고 열등하다고 취급한 길고 불편한 역사가 있다. 유색인종의 주술을 의심스러워하는 것도 그 일부다. 따라서 서양에서는 보둔(보둔은 종교고 부두는 그 주술적 관행을 가리킨다)을 악이라고 인식하고, 아프리카의 '주술사'는 위험하면서도 엉터리라고 취급한다.

우리가 다른 문화의 종교적이거나 신비주의적인, 또는 영적인 전통을 실제보다 근사하게 묘사하거나 흡수한다면 혼란과 오해가 생길 수 있다. 이는 여러 미국 원주민들의 영적 관습과 관련해 벌어지는 일이기도 하다. 대개 오컬트가 많은 이들이 괄시하는 대상이 되는 반면에, 일반적으로 서양에서 백인의 관습과 관행은 그만큼 악마처럼 묘사되지 않는다. 그러나 보둔처럼 의심스러운 취급을 받든지, 또는 단순히 그 종교를 믿지 않는 사람들에게는 알려져 있지 않든지 간에 오컬트는 항상 종교적 관행들과 연결되어 왔다.

컬트 지식을 상업화하는 일이 활발해지고 있다(세계적인 화장품 업체인 세포라는 2018년 '마녀 스타터 키트'를 판매하려고 시도하기까지 했다). 그러나 대략적으로 오컬트는 처음에 비밀리에 시작된 것과 같은 이유로 여전히 비밀리에 남겨져 있다. 그 깊이를 이해하기 위한 연구가 거의 존재하지 않기 때문이다. 이 감탄할 만한 대상을 진심으로 연구해보려고 마음먹을 수 있도록, 그리고 그렇게 마음먹은 이들을 위해 이 책이 유용한 출발점이 되기를 바란다.

과학과 오컬트

오컬트와 종교는 둘 다 궁금한 것이 있으면 물어봐야 하는 인간에게서 생겨났다. 과학 역시 이 똑같은 호기심에서 나왔다. 오컬티스트와 과학자는 똑같이 연구하고, 조사하고, 심사숙고하고, 실험한다. 오컬티스트와 과학자는 똑같이 가설을 세우고, 통제기법을 활용해서 결론을 이끌어내며, 그 과정에서 미세하게 조정을 한다.

어떤 경우에는 특정한 과학이 등장하면서 '오컬트'한 부분은 사라지게 되었다. 예를 들어, 예지는 더 이상 오컬트로 간주되지 않으며, 기상학에서 오컬트적인 기술은 더 이상 남아 있지 않다. 기상학은 받아들여지고 표준이 되었다. 다른 경우에 과학은 오컬트에서 파생되어 생겨나기도 했다. 그 예는 다음과 같다.

- ◆ 화학은 연금술에서 생겨났다. 최초의 현대적인 화학자로 여겨지는 로버트 보일(1627~1691)은 연금술사다. 아이작 뉴턴(1643~1727)도 마찬가지다.
- ◆ 천문학과 점성술은 별을 연구하면서 함께 발전했다.
- ◆ 산파술은 한때 토속주술사가 하던 일이었다.
- ◆ 접촉요법은 전문 의료인들이 사용하지만 여러 측면에서 '안수'라는 오컬트적인 관행과 똑같다.
- ◆ 여러 현대의학이 토속주술사가 해왔던 치유법에서 생겨났다. 앞서 언급했듯 강심제는 디기탈리스에서 유래했고, 버드나무껍질 추출물이 아스피린이 되었다. 그리고 아편양 제제는 양귀비 씨앗에서 비롯되었다.

마법과 과학 간의 가장 큰 차이는 오컬트 철학은 이를 행하는 자의 마음 상태를 엄청나게 강조한다는 점이다. 신을 추구하는 연금술사는 금을 만들 수 있지만, 탐욕을 좇는 연금술사는 만들 수 없다. 보다시피 중요한 것은 의도다.

반면에 과학은 의도가 중요하지 않다고 가정한다. 목적을 달성하기 위해 오컬트 현상을 연구할 때 과학자들은 요인으로서의 마음 상태를 배제하려고 애쓴다. 결과적으로 만들어진 것이 제너 카드Zener cards다. 제너 카드는 ESPextrasensory perception(초감각적 지각 또는 독심술)를 시험해보기 위해 사용되는, 고의적으로 중립적인 원, 구불구불한 선, 네모 등의 상징이 그려진 카드다. 여러 연구들은 감정과 주의가 예지력에 영향을 미친다는 것을 보여주지만, 초심리학은 이런 요인들을 제거함으로써 '진짜' 과학이 되려고 시도한다.

모든 과학은 관찰자 효과 때문에 어려움을 겪는다. 즉, 실험에서 관찰자의 효과를 제거해야 할 필요가 있다. 마음 상태는 진정으로 제거할 수 없음이 드러났다. 그리고 오컬티스트는 이를 시도하지도 않는다.

오컬트 철학

서양의 오컬트(이 책의 주요핵심)를 논할 때 우선 오컬트 철학에서 시작해야만 한다. 이 책은 결코 포괄적이지 않다. 다루어야 할 주제가 너무 많고 철학을 지나치게 깊이 파고 든다면 집중을 방해할 수도 있기 때문이다. 그러나 우리는 적어도 어디서 시작했고 어떻게 여기까지 오게 되었는지는 알아야 한다.

(많은 것들이 그렇듯) 모든 것은 헬레니즘 시대의 그리스인들로부터 시작되었다. 고대 그리스 종교는 다른 종교들을 습득하고 포함하는 혼합적인 면모를 가졌고, 알렉산더 대왕의 승리 덕에 고대 그리스인들은 다양한 종교와 다른 문화적 요소들을 풍부하게 받아들일 수 있었다. 특히나 플라톤 철학은 특히나 모든 종류의 사상을 흡수했고, 플라톤 철학의 신비주의적 분파인 신플라톤주의가 등장했다.

여러 다양한 학파들이 혼합되면서 독특한 사상들을 만들어냈고, 그 가운데 일부는 이단 혹은 금기로 보였다. 예를 들어, 그노시스주의(서기 1세기~2세기)는 이단적인 기독교파로, 헬레니즘 사상과 기독교에서 똑같이 발전해 나왔다. 그노시스주의자들은 절대적인 존재의 지식(그노시스)을 추구하면서 하급 신(데미우르고스)이 만들어낸 세상을 믿는다.

헤르메스주의는 그노시스주의와 신플라톤주의, 그리고 다른 철학과 종교체제들과 같은 시기에 생겨났는데, 아마도 오컬트 철학을 재빨리 훑어보는 우리의 여정에서 가장 중요하고 영향력 있는 지점이 될 것이다. 헤르메스주의는 르네상스 시대를 거쳐 오늘날까지도 여전히 영향력을 미친다. 헤르메스주의가 기반을 두고 있는 『헤르메티카Hermetica』는 헤르메스 트리스메기스투스가 집필한 책이다. 헤르메스 트리스메기스투스는 반신화적인 인물로, 가끔은 『성서』의 모세와 동시대에 존재했다는 이야기도 나왔지만, 그의 작품은 1300여 년 뒤인 기원전 300년에 쓰인 것이다.

『헤르메티카』는 철학뿐 아니라 ('지혜를 이루는 세 부분'이라고 알려져 있는) 연금술과 점성술, 그리고 마법을 대대적으로 집대성한 책이다. 헤르메스주의에 따르면 근원적인 진리가 하나 존재하며 진실한 종교는 이 진리를 추구한다. 천국은 영원하고 진실한 곳이지만 영원하지 않은 육체는 진실이 아니다. 헤르메스주의는 성스러운 진리를 탐구하려 애를 쓴다. 오컬트 철학의 핵심문구 가운데에 '위와 마찬가지로, 아래에서도As above, so below'라는 말이 있다. 이는 『에메랄드 태블릿Emerald Tablet』으로 알려진 『헤르메티카』의 일부에서 따온 말로, "위에 있는 것은 아래에 있는 것과 같고, 그 아래에 있는 것은 위에 있는 것과 같다"라는 의미다.

위대한 유대 신비주의자들이자 대부분이 연금술사인 최초의 카발라교도들은 헬레니즘 사상과 헤르메스주의 모두에서 영향을 받았다. 1533년 하인리히 코르넬리우스 아그리파는 『세 권의 오컬트 철학Three Books of Occult Philosophy』이라는 책을 출간했는데, 이 전집은 서양의 오컬트에 있어서 혼합주의를 다룬 최초의 걸작이다. 이 책들은 신플라톤주의와 카발라를 처음으로 결합시켰으며, 요소와 숫자점, 제식마법, 천사와 악마, 신의 이름, 점성술, 그리고 예언 등 다채로운 주제를 다루었다(덧붙이자면 이 책은 카발라를 그 유대교적인 뿌리로부터 빼앗아와 오컬티스트들의 출발점이 되었다).

아그리파는 그리스인과 유대인, 그리고 기타 철학들을 결합해서 서양 오컬트의 기반을 조성했다. 이 철학적 기초들은 오컬트 수행이 시작된 이래 그 일부가 되어 왔다. 비밀지식, 육체를 넘어선 자아의 고양, 그리고 이단(이단은 그저 교회의 교리에 반하는 아무 종교적 의견을 의미한다) 등이 모두 오컬트 철학에서 여전히 영향력을 발휘하고 있다.

왜 오컬트를 연구하는가?

오컬트가 한물갔다고 생각하는 사람들이 많다. 우리에겐 과학과 인터넷이 있다. 그리고 현대의학이 이토록 발전한 시대에 뭐 하러 '안수' 같은 것으로 골머리를 앓는가? 보이저 1호와 보이저 2호가 우리 태양계의 외행성을 방문하는 시대에 왜 점성술을 연구하는가? 이런 과학적 발전에도 불구하고 오컬트를 연구해야 할 여러 이유들이 남아 있다.

우선 우리는 인생이 신비로 가득 차 있으며 우리 마음에는 여전히 호기심이 담겨 있기에 오컬트를 연구한다. 인류는 지식으로 통하는 문을 열게 되면서 언제든 다른 문을 닫을 준비가 된 것으로 보인다. 종교의 문을 열면 이단의 문은 닫는다. 과학의 문을 열면 초자연의 문은 닫는다. 어떤 이들은 집고양이와 같아서, 문이 닫혀 있을 때마다 닫힌 문 너머에는 무엇이 있는지 알고 싶어서 언제나 안달을 낸다. 오컬티스트를 설명하기에도 딱 좋은 묘사다.

두 번째로, 오컬트의 역사(238페이지 참고)는 놀라운 지식과 탐구의 보고다. 그 가운데 일부는 틀리거나 잘못된 길을 따르기도 했다. 이를 테면 일부 오컬트 책에 등장하는 단호한 동성애 혐오나 인종차별 같은 것들이다. 여러 세기 동안, 그리고 여러 문화에서 학파들은 언제나 서로에게 동의하지 않았다. 그러나 반박이나 실수, 그리고 편견들이 존재한다 하더라도, 드러내야 할 어마무시한 지혜들이 있고, 또한 탐구하고 이해하며 힘을 북돋아주기 위해 떠나는 모험에서 우리보다 앞선 여러 위대한 사상가들도 많다.

인간의 확장 역시 또 다른 이유가 된다. 어떤 이는 전통적인 종교가 신과의 친밀감을 주지 않기 때문에 오컬트를 탐한다. 어떤 이는 종래의 지식이 내면의 자아를 더 심층적으로 이해하는 데에 도움이 되지 않기 때문에 오컬트를 연구한다. 여전히 권력을 탐하는 이도 있다. 나는 그게 추악한 의미에서가 아니길 바란다. 분명 인간은 천리안이나 주술, 또는 텔레파시를 통해서든 간에, 일컬어지는 것보다 더 많이 하고 더 잘 될 수 있다. 그리고 오컬트는 그럴 수 있는 힘을 가져오는 수단이 된다.

마지막이지만 가장 중요한 점은 여러분이 기존에 흥미를 느껴왔던 여러 가지가 모두 오컬트에 뿌리를 두고 있다는 것이다. 위카에 흥미가 있거나 타로카트에 빠졌거나 매일 별자리운세를 열심히 읽는다면 이미 오컬트를 접하고 있다는 의미다. 각 관행은 아주 깊숙이 숨은 빙산의 일각이다. 혹자는 오컬트적인 대상을 전혀 따르지 않거나, 숫자점은 시시하고 카발라는 지나치게 복잡하다고 생각할 수도 있다. 그러나 이 모든 것이 하나의 전체를 이루는 구성요소이며, 오컬트의 일부를 아는 것조차도 여러분에게 의미 있는 부분들을 더욱 풍요롭게 해줄 것이다.

이 책의 활용법

이 책은 말 그대로 안내를 해주는 입문서다. 나는 이 책에 등장하는 각 소재들을 다룬 흥미로운 작품들로 책 선반을 빼곡이 채울 수도 있다. 240페이지에 나오는 '더 알고 싶다면' 부분은 특히나 여러분의 마음을 빼앗은 주제를 더 깊이 공부해보는 데에 도움이 될 것이다. 많은 측면에서 이 책은 안내자 뒤를 좇아 멋진 도시를 여행하는 것과 같다. 일단 여행이 끝나면 어느 동네를 더 탐색하고, 어느 박물관을 방문하며, 어느 식당에서 맛을 음미하고, 어느 공원에서 뛰어놀지 선택하는 것은 여러분에게 달렸다.

그리고 오컬트는 진정으로 경이로운 도시다. 이 책에서 다루는 주제들은 내가 생각하기에 합리적이고 역사적인 순서에 따라 등장한다. 가장 오래된 마법의 형태인 토속주술에서 시작해서, 여러 의미에서 토속주술의 동반자라 할 수 있는 마녀술로 넘어간다. 그 지점부터 주제는 역사의 흐름에 따라 차곡차곡 쌓여가는 순서대로 소개된다. 초창기 수비학자들은 점성술을 이해했고, 초창기 카발라 교도들은 연금술을 연구하기도 했다. 그럼에도 그 부분을 넘기고 싶은 충동이 든다면 그렇게 해도 좋다.

서양 오컬트는 이 책에 등장하는 다양한 주제들이 너무나 심도 깊게 서로 연결되어 있기 때문에 강조되어 다루어진다. 우리는 분명 중국의 점성술이나 오스트레일리아의 토속주술, 미국의 후두교 같은 소재들을 간략하게 훑으면서 다른 문화들을 다룬다. 하지만 우리가 논의하는 대부분은 유럽이나 가까운 중동에서 비롯되었다. 시간과 공간을 넘나드는 수많은 주제들과 함께 이 책은 종합적인 연구가 될 수는 없을지언정, 여러분이 탐구를 시작할 수 있게 도와줄 풍부한 도입부가 될 수는 있을 것이다.

각 장에 나오는 '나만의 실습' 코너와 함께 이 오컬트 관행들의 일부는 실현해볼 수 있을 것이다. 온라인 지침서에도 역시 탐구의 지평을 넓혀줄 추가적인 활동들이 있다(240페이지 참고).

오컬트의 역사는 일반적으로 성차별적이고 인종차별적이며, 반유대주의와 동성애혐오증, 그리고 계급적 편견을 담고 있다. 오컬트의 특정 주제를 다루는 가장 뛰어나고 중요한 작가들 중 일부는 이런 특성들을 어느 정도, 혹은 전적으로 반영한다. 우리는 편협함을 거부하면서도 과거의 위대한 오컬티스트로부터 배울 수 있다. 예를 들어, 일부 독자들은 알레이스터 크로울리가 (무엇보다도) 인종차별주의자이기 때문에 그에 대해 절대 알고 싶지 않을 수 있다. 그러나 크로울리처럼 몹시도 영향력이 큰 작가들 없이 우리가 논하는 주제들을 살펴보기란 불가능하다. 나는 문제점이 많은 요소들을 지닌 자료를 제시하면서도 그 자료가 지닌 장점과 단점을 솔직히 밝힐 것이다. 그리고 분명 성차별주의자와 젠더 본질주의자, 동성애혐오자, 또는 반유대주의적 사고를 오컬트의 필수적인 요소로서 제시하지 않으려 한다.

이제 말 나온 김에, 우리의 여행을 시작해보자!

토속주술

역사적으로 그 어떤 문화나 시대에서도 토속주술이 존재해왔다. 우리가 미국 남부의 후두교를 이야기하든, 아니면 영국제도의 토속 치료자나 라틴 아메리카의 쿠란데로Curandero를 논하든 간에, 전 세계 모든 곳의 모든 사람들은 토속주술, 즉 문화적 관습이 결합된 토착적인 주술을 행해왔다. 가끔은 너무나 평범해서 주목받지 못할 때도 있었을 뿐.

토속주술사들을 부르는 여러 이름 가운데에는 현인, 교활한 자Cunning Folk, 요술쟁이, 위카/위키(영국), 쿠란데로(라틴 아메리카), 상고마Sangoma(남아프리카), 주술사(아프리카), 자크리Jhakri(네팔), 그리고 펠라Pellar(웨일스) 등이 있다.

세계 곳곳에서 교활한 자는 언제나 치료를 해주고, 사랑의 마법을 펼치며, 사람들을 사악한 마법에서 보호해주었다(제2장에서 더 깊이 알아볼 예정이다). 이들은 악에 맞서 보호해주는 훌륭한 작업자들이다. 오늘날 아프리카와 남아프리카 지역에서는 교활한 자들이 여전히 같은 임무를 맡고 있다. 중세 서양에서 교활한 자들은 비난을 한 몸에 받았는데, 악마로부터 그 능력을 얻는다고 여겨졌기 때문이다. 교활한 자들은 대개 용인되기도 했지만, 주술적 관행이 불법화되면서 일부는 감옥에 가기도 했다.

토속주술을 살펴볼 수 있는 몇 가지 방식이 있다.

- **어디서** 영국제도, 아프리카, 네팔, 이탈리아, 스칸디나비아 등 교활한 자들이 활동하는 곳.
- **왜** 여러 다양한 목적 중에서도 치료하고, 잃어버린 물건들을 찾고, 미래를 보고, 산파술을 행하는 것이 모두 공통적으로 꼽는 주술의 목적이다.
- **어떻게** 토속주술은 가끔 문자로 표현되지 않거나 무학의 영역이라고 여겨지지만, 주술사들은 몇 백 년 동안 마도서Grimoire(마법교과서)와 종교서, 점성술, 그리고 기타 학문적인 관행들을 활용해왔다.
- **누가** 주술로 이름을 알린 전문적인 교활한 자들은 자신들이 속한 지역사회의 부름을 받지만, 평범한 사람들 역시 언제나 나름대로의 흔한 주술들을 활용해왔다. 오늘날에조차 나무로 된 물건들을 두드리며 행운을 빌고, 어깨 너머로 소금을 뿌리며 액운을 막는다. 아슈케나즈 유대인*은 악마의 눈길을 피하기 위해 "키네호

* 유럽에 정착해 사는 유대인들.

라Keinehora"라고 중얼거리고, 많은 이탈리아 남자들은 행운과 남자다움을 가져다준다는 작고 구불구불한 뿔인 '코르니첼로 코르네토Cornicello Cornetto'를 소지한다. 이런 것들이 주술행위다. 부적을 가지고 다니는 것부터 풍년을 기원하며 지푸라기 인형을 만드는 것까지, 누구나 항상 토속주술을 행해왔다.

학자들은 가끔 토속주술이 아무런 영적인 요소가 없이 순전히 실용적인 기술이라고 규정하지만, 완벽하게 정확하지는 않다. 서양에서 토속주술은 기독교에 기반을 둘 수 있으며(예를 들어, 성경구절이 포함되는 경우가 있다) 종교제도나 영적 체제에도 뿌리를 내릴 수 있다. 보둔교Vodoun의 부두신앙voodoo이랄지 북유럽 토속신앙에 나오는 룬 마법 같은 것들이 그렇다. 그러나 중요한 것은 치유하고, 보호하고, 추수하는 등 성과를 얻는 것이다.

가끔 다른 마법사들은 토속주술을 무시하기도 한다. 토속주술은 '고급마법'과는 대조되는 '하급마법'이라고 불리는데, '고급(제례 또는 의식)' 마법은 신이나 천사와 소통하기 위해 수행하지만 '하급'마법은 치료나 사랑, 임신 같은 구체적이고 일상적인 목적을 달성하기 위해 수행한다는 차이가 있다. '하급'마법은 가난하고, 교육도 제대로 받지 못했으며, 재능이 떨어지는 이들이 행하는 것으로 본다. '고급'마법에는 더 많은 장비와 비용, 그리고 시간적 여유가 필요하다.

일부 학자들은 '울타리 마녀Hedge Witch'나 '부엌 마녀Kitchen Witch' 같은 현대적인 용어들은 토속주술사들을 설명하지 못한다고 주장한다. 현대식은 토속주술을 배제해왔기 때문이다. 그러나 나는 여기에 동의하지 않는다. 토속주술의 핵심은 일상에 뿌리를 두고 필요에 따라 체제와 기술을 결합하는 것이며, 효율성에 초점을 맞추고 의식보다는 결과를 우선시한다. 옛날 사람들이 할 수 있던 것처럼 현대인들도 할 수 있다. 토속주술이 무엇인지 살펴보고 몇 가지 평범한 관행에 뛰어들어보자.

오컬트 아닌 오컬트

오컬트의 의미 가운데 하나가 '숨겨진'임에도 불구하고 토속주술은 가끔 공개적으로 행해진다. 주술은 분명 오컬트의 일부이지만 이 경우 정말로 '비밀'은 아닌 것이다.

다른 유형의 오컬트와는 달리 토속주술은 특히나 행위 이면의 이론에는 관심이 없다. 역사적으로 요술쟁이가 심리학과 심지어 속임수를 '진짜' 마법과 혼합하는 경우는 흔했다. 플라시보 효과 덕에 주술이 더욱 잘 통한다면 사용하지 않을 이유가 있을까?

토속주술은 행동에도 초점을 맞춘다. 반면에 다른 오컬트 기술은 마법사의 의지와 집중력, 그리고 의도를 더욱 강조한다. 이런 요소들은 저마다 역할이 있지만, 토속주술에서 강조하는 것은 '행동'과 '말'이다. 그리고 이런 행동들은 일부 보편적인 핵심원칙에 기댄다. 즉, 일치와 전염,

모방의 주술이자, 자연이나 물건, 말, 그리고 심령이나 신에게서 나오는 힘이라는 원칙이다. 이제 각각의 의미를 살펴보자.

일치의 주술

이 주술은 마치 어떤 한 물건이 바로 그 물건이 되는 것과 같다. 일치의 주술은 이 단순하고 강력한 원칙을 강조한다. 즉, 유사함과 육체적 연결, 또는 상징에 따라 일치하는 물건과 대상을 연결시키는 것이다. 먼 곳에서 주술을 행하기 위해서는 일치성을 활용해야 한다. 나와 비슷한 것은 무엇이든 내가 될 수 있고, 또 당신이 행하는 주술의 대상이 될 수 있다. 따라서 내 사진은 나와 같다. 내 별자리는 나와 같다. 더 나아가, 내 별자리와 같은 사물 역시 나와 같다. 내가 황소자리이기 때문에, 황소자리는 나와 같고, 황소도 마찬가지다.

한때 내 일부였던 것은 무엇이든 나와 일치성을 보인다. 주술을 행하기 위해 내 머리카락과 손톱은 나와 같고, 따라서 내가 된다.

주술의 전염

주술의 전염은 과거의 접촉을 기반으로 하는 일치의 주술이다. 무엇이든 여러분이 한 번 만진 물건은 여러분의 본질을 일부 얻게 된다. 따라서 토속주술사는 내 발자국이 찍힌 흙을 이용해서 주술을 부릴 수 있다. 내 발이 한 때 그곳에 닿았기 때문이다. 전염은 어느 편에나 유용하다. 여러 옛 마법에 따르면, 주술사는 어떤 사람이 주술을 씌운 물건을 밟거나 넘어가도록 해야 한다. 그래야만 그 사람이 그 물건과 접촉하게 될 때 주술에 '걸리게' 되기 때문이다.

소개합니다

제임스 G 프레이저 경

제임스 조지 프레이저 경(Sir James George Frazer, 1854~1941)은 인류학자이자 민속학자, 그리고 『황금가지』라는 걸작을 쓴 작가이기도 하다. 『황금가지』는 본래 1890년에 출판되었으며 1915년판은 총 12권으로 구성되었다. 그리고 1936년에 13권이 덧붙여졌다(한 권으로 된 요약본도 있다).

『황금가지』는 최초로 '일치의 주술'이라는 용어를 만들어낸 책으로, 민간풍속과 의식, 미신 등을 망라했다. 이 책에서 프레이저는 의식이 열리는 해에 태양신이 죽고 부활하는 주기를 규정했다. 오늘날 학자들은 이런 주기가 아마도 존재하지 않았을 것이라 보지만, 이는 대중문화와 예술뿐 아니라 위카와 신이교주의(현대 이교주의)에도 깊은 영향을 미쳤다. 이 민간풍속과 풍습, 주술, 의식들을 수집한 이 책은 여전히 이루 말할 수 없이 소중하다. 휴, 안타깝게도 이 책은 인종차별과 그 외의 편협한 의견들로 가득 차 있기도 하다.

모방의 주술

모방의 주술은 원하는 행동을 따라하는 주술이다. 우선 두 개의 일치하는, 또는 전염되는 물건을 가져와서 한꺼번에 묶는다. 그리고 모방을 통해 주술은 두 물건을 결합시킨다. 누군가가 내 사진을 20달러 지폐에 풀로 붙인다고 하자. 모방을 통해 돈이 내게 붙게 된다. 유럽의 민간풍속에 따르면 게일인들이 5월 1일에 열리는 축제인 벨테인 기간 동안 연인들은 새로 농작물을 심은 밭에서 섹스를 한다. 이 농작물들에게 어떻게 결실을 맺는지 (모방을 통해) 가르쳐주기 위해서다.

자연의 힘

자연의 힘은 자연에서 찾아낸 물건에서 나온다. 토속주술사들은 가끔 약초의이기도 한데, 식물을 활용해 일을 한다. 교활한 자들은 버드나무껍질이 고통을 완화해준다는 것을 발견했고, 그 후 오랜 세월이 흘러서야 과학자들은 버드나무껍질에 아세틸살리실산(아스피린)이 함유되어 있음을 밝혀낼 수 있었다. 자연의 힘은 무엇보다도 색깔과 돌, 요소, 그리고 장소에서 비롯된다.

일부 토속주술사들은 정령숭배자이기도 하다. 즉, 자연에 살아 있는 영이 있다고 믿고 의존하는 것이다. 약초와 동물, 바람 등이 모두 조력자이며, 주술에 참여하는 자유행위자다.

토속주술 도구함

토속주술은 가끔 잃어버렸다 되찾은 물건이나 쉽게 저주에 걸리는 물건이 필요하다. 집 주변에서 나오는 온갖 물건들을 사용할 수 있지만, 여러분의 토속주술 도구함에 몇 가지 기본도구들을 갖추어두는 것이 도움이 될 것이다. 더 많이 알게 될수록 이 초보자용 세트도 더 알차질 것이라고 기대해도 좋다!

양초는 가장 흔한 주술도구 가운데 하나다. 일반적으로 쓰이는 하얀색 초로 시작해서, 알록달록한 다른 색 초를 찾게 되면 추가하자. 작은 양초가 휴대하기엔 편하지만, 조각을 하거나 표시를 할 수 있는 크기의 양초가 좀 더 유용할 것이다. 당연히 촛대뿐 아니라 성냥이나 라이터도 필요하다.

펜과 종이를 주술용으로 준비해두자. 마법주문과 부적을 쓸 때 아주 유용하게 쓰인다.

힘을 발휘하는 물건으로 보통은 마법지팡이나 칼이 있는데, 사실상 아무 주문에나 쓸 수 있다.

진자 또는 수맥봉은 자주 사용하는 주술도구다. 진자는 줄이나 사슬 끝에 무거운 물체(돌이나 구슬)가 달린 것이며, 수맥봉은 이와 비슷하지만 묵직한 구슬 대신 종종 두 갈래로 갈라진 막대기를 쓴다. 전통적인 수맥봉은 물을 찾는 데에 쓰이지만, 이를 사용해 잃어버린 물건이나 보물을 찾을 수도 있다.

마지막으로 240페이지에 실려 있는 **참고서적들**이 여러분이 하는 작업에 부합하는 색이나 상징, 요소, 약초 등을 재빨리 찾아보는 데에 도움이 될 것이다. 점성술사들이 쓰던 궤도력 같은 일부 옛 참고서적들은 이제 어플이나 웹사이트로 대체되기도 했는데, 그럼에도 책은 여전히 여러분이 가장 믿을 수 있는 동료다.

힘을 가진 물건

일부 물건들은 타고난 힘을 가졌다. 반면에 다른 물건들은 힘이 배어들었다고 본다. 예를 들어, 플레인스 인디언들은 깃털이 자기만의 힘을 가졌지만, 담뱃대는 창조를 통해 힘을 얻는다고 본다.

토속주술사들은 주술을 행하면서 정말 가지각색의 물건들을 사용하며, 시간과 장소에 따라 그 물건은 매우 다양하다. 많은 사람들이 아마도 마법지팡이나 칼은 전통적인 주술의 도구라 생각할 것이다. 맞는 말이다. 그러나 천궁도 역시 비록 토속주술 도구함에는 들어가 있지 않다 하더라도 힘을 가진 물건에 속한다.

힘의 말씀

힘의 말씀에는 하느님이나 신, 천사의 이름이 포함되기도 한다. 아니면 전통적으로 내려오는 말씀이나 상황에 맞게 만든 말씀들과 운율을 맞추기도 한다. 심지어는 '야만어'인 경우도 있는데, 야만어란 의미가 알려져 있지 않은 말씀을 가리킨다. 기독교 문화의 교활한 자들은 몇 세기 동안 주술을 행하는 데에 찬송가를 이용해왔지만, 미국 원주민들과 부두교도들, 그리고 신이교도들 역시 주술을 행하면서 신성한 말씀들을 쓴다.

수많은 주문서에는 주술적인 목적을 위해 이용하는 말씀이 실려 있으며, 가끔 (항상은 아니다) 자세한 설명이 덧붙여지기도 한다. 전통적인 요술쟁이들은 수 세기 동안 이 말씀들을 사용해왔으며, 오늘날 현대적인 마술사들도 사용한다.

신과 심령

토속주술사들은 종종 영적인 존재의 힘에 기댄다. 제식마법사들도 그러하듯 우리는 토속주술사들이 반드시 종교적인 이유에서 이러는 것이 아니라고 볼 수 있다. 토속주술사는 영적인 존재의 고유한 능력을 이용하는 것일 뿐, 숭배하거나 공경하는 것이 아니다. 주술을 행하는 자는 주문에서 부르는 심령을 굳게 믿지만, 그 심령은 아마도 칼이나 가마솥 같은 하나의 도구라 할 수 있을 것이다.

요술쟁이는 이러한 존재들이 막대한 힘을 가졌음을 알고 있다. 아마도 온전한 마법이란 단순히 적절한 주문을 외워 신을 불러내는 것으로, 다른 도구들과 결합될 가능성도 상당히 높다.

일치와 전염, 모방, 자연, 물건, 말씀, 그리고 심령 등 이 장에서 소개하는 주술에 접근하는 방법은 그저 토속주술사들이 사용하는 것들 가운데 일부일 뿐이다. 그 외에 토속주술사들은 음악과 춤, 몸짓, 의례, 가수상태, 점 등도 사용한다. 그러한 접근법과 도구들은 보통 여러 가지로 조합해서 활용된다.

세계 곳곳의 토속주술 풍습

지구 상 그 어디에서도 농작물을 심거나 아기를 출산할 때 도와주는 현명한 존재가 함께하지 않는 곳이 없다. 모든 나라와 대륙, 그리고 역사상 어느 시기에서든 토속주술사가 있었다. 이 부분에서는 세계 다양한 곳과 역사적으로 다양한 시점에 행해진 풍습들이 그 표본을 제시하고 있다. 이 다양한 종합선물세트는 거의 무한한 토속주술의 세계에 대한 그저 맛보기일 뿐, 더 자세한 내용을 알고 싶다면 240페이지에 실린 서적들을 참고하자.

그러나 시작하기 전에, 토속주술을 행하는 다양한 문화에 관해 이야기하려면 문화적 도용*이 어쩔 수 없이 일어날 수도 있음을 염두에 두는 것이 중요하다. 억압받은 역사를 지닌 집단은 역사적으로 자신들을 억

* 어느 한 문화집단이 다른 문화집단의 전통문화를 정확하게 이해하지 못하고 사용하는 것.

압한 문화에 속하는 이들에게 아름다운 문화, 즉 정체성의 일부를 내어 주고 싶지 않아 한다. 이해하기 어렵거나 존중하기 힘든 것은 아니다.

'폐쇄적인 관습'에 있어서도 비슷한 개념이 있다. 일부 문화의 어떤 요소들은 아예 논의조차 할 수 없도록 명쾌하게 설명되어 있다. 예를 들어, 마오리족의 문신은 그저 멋들어진 '부족의' 먹물그림을 원하면 아무나 할 수 있는 것이 아니라, 특별한 통과의례를 의미한다. 언젠가 나는 어떤 특정한 마법명을 선택하려던 찰나에, 이 이름이 내가 믿지 않는 종교에 입교하기 위해 남겨진 이름이라는 것을 알게 되었다. 따라서 나는 다른 이름을 선택했다. 존중하는 뜻에서 이 책은 미국 원주민 의학이나 산테리아Santeria(쿠바에서 생겨난 아프리카 이주민들의 종교), 또는 전통적인 유대인 게마트리아gematria(수비학의 한 형태) 등을 행하는 방식은 알려주지 않을 것이다. 우리가 탐색해볼 만한 다른 관습들도 많이, 아주 많이 있으니까 말이다.

영국제도

그레이트 브리튼과 아일랜드, 그리고 그 인근 섬들은 영국제도를 형성한다. 아일랜드는 오랜 토속주술과 풍습의 역사를 지녔고, 그중 다수가 오늘날에도 여전히 행해진다. 아일랜드는 인간뿐 아니라 시드Sidhe 또는 요정들이 사는 곳이다. 이 땅에는 이런 존재들로 북적이고 이 존재들은 존경을 담아 대접받는다. 지금까지도 아일랜드인들은 요정의 언덕을 더럽

히지 않으려 피하고, 시드를 큰 소리로 부르지 않으려고 조심한다. 무례하거나 위험한 일이라고 생각하기 때문이다.

영국제도 전역의 교활한 자들은 가끔 도둑과 마녀술 같은 문제에 시달리는 고객들을 돕는다. 예를 들어, 거울이나 수정, 물이 담긴 그릇처럼 마법의 힘을 부여받은 반사면은 널리 쓰이는 도구다. 토속주술사는 물건을 훔쳐간 사람이나 마법을 건 사람의 모습이 떠오를 때까지 고객이

◇◇

소개합니다

로널드 허튼

로널드 E. 허튼 교수(Ronald E. Hutton, 1953~)는 브리스톨 대학교의 역사학자이자 민속학자다. 이교주의와 마녀술, 그리고 민속에 관해 쓴 광범위한 저서들 덕에 현대 오컬트와 마녀술 분야에서 유명하다.

허튼이 쓴 책으로는 『고대 영국제도의 이교: 그 특성과 유물(The Pagan Religions of the Ancient British Isles: Their Nature and Legacy)』, 『태양의 위치: 영국 의례년의 역사(The Stations of the Sun: A History of the Ritual Year in Britain)』, 『달의 승리: 현대 이교도 마녀술의 역사(The Triumph of the Moon: A History of Modern Pagan Witchcraft)』, 『샤먼: 시베리아의 영성과 서양의 상상(Shamans: Siberian Spirituality and the Western Imagination)』 등이 있다. 허튼은 가끔 낭만주의와 추측으로 가득한 주제를 학술적인 관점으로 들여다본다.

◇◇

반사면을 뚫어지게 들여다보게 한다.

마력에 저항하는 일반적인 기술 중에는 불을 이용한 것도 있다. 어떤 경우에는 마력을 태워서 날려버리기 위해 고객의 집에서 특별한 가루를 태우기도 했다. 가끔은 이와 같은 효과를 내기 위해 동물의 심장(악인과 일치시키기 위한 대체물)을 핀으로 찌르고 태우는 경우도 있다.

고대 이집트

고대 이집트에서 주술사들은 돌이나 다른 재료들에 악으로부터 보호해 주는 힘의 말씀을 새겨서 다양한 액막이부적Amulet을 만들어냈다. 호루스의 눈 부적(우자트Utchat)은 보통 힘과 안전, 행운, 건강을 가져다준다고 해서 지니는데, 이 행운의 부적은 나무나 금, 또는 라피스 라줄리(청금석) 같은 다양한 재료들로 만들었다. 행운의 부적은 긍정적인 에너지를 불러오기 위해, 액막이부적은 부정적인 에너지로부터 보호받기 위해 사용되었음에 주목하자.

애기뿔소똥구리는 고대 이집트인들에게 중요한 상징으로, 보통은 생명과 행운을 가져다준다고 여겼다. 작가 E. A. 월리스는 저서 『이집트의 마법Egyptian Magic』에서 이렇게 썼다. "사악한 마법을 몰아내고 싶은 자가 있다면 커다란 소똥구리의 머리와 날개를 떼어낸 뒤 끓는 기름에 담가두면 되었다. 그러면 머리와 날개가 데워지면서 압넨트 뱀의 기름에 푹 절여진다. 그리고 한 번 더 끓으면 그 혼합물을 마셨다."

또한 고대 이집트인들은 어떤 존재의 영혼을 밀랍상 안에 담을 수 있다고 믿었으며, 그러면 그 밀랍상이 마법의 힘을 가지게 된다고 보았다. 밀랍으로 만든 악어에 대고 힘의 말씀을 낭독했더니 그 밀랍상이 살아 있는 악어로 변신해서 주술사의 적을 잡아먹었다는 이야기가 전해져 내려온다. 힘의 말씀이 스며든 밀랍상은 사랑을 쟁취하는 데에도 쓰였다.

이름은 이집트 마법에서 또 하나의 중요한 부분이었다. 누군가의 이름을 안다는 것은 그 사람을 조종할 수 있는 힘을 획득하는 것이다. 이름은 한 사람의 영혼, 즉 카Ka의 일부이기 때문이다. 따라서 여러 주문들은 누군가의 이름을 쓰고 그 이름에 주술을 행하는 과정을 포함했다.

북미의 후두

후두Hoodoo('요술' 또는 '뿌리작업'이라고도 한다)는 미국에서 노예로 살던 아프리카인들의 비밀스러운 관행에서 유래했다. 후두는 중앙아프리카와 서아프리카의 전통과 서인도제도의 주술이 결합한 것으로, 성경과 부두교, 체로키족의 종교, 그리고 그 외에 다른 많은 관행들에서 영향을 받았다. 후두는 17세기 노예무역의 시대에 유래했지만 오늘날에도 여전히 행해진다. 그 근원 때문에 아프리카 혈통이 아닌 이가 후두를 행하는 것을 문화적 도용이라고 보는 이들이 많다.

모든 토속주술들이 그러하듯 후두는 일치의 주술에 의지한다. 꿀은 상황을 달콤하게 만들고, 핀은 아프게 만들며, 불은 태워버리고, 한 사람의 신체기능을 담당하는 일부는 그 사람이 된다. 후두에만 존재하는 일부 관행들에는 바닥을 청소한다거나 유리병에 나뭇가지를 꽂는다거나, 촛불마법을 강조한다거나, 미래를 점치기 위해 '뼈다귀를 던지는' 행위 등이 있다.

후두주술의 목적은 가끔 유럽과는 다르다. 전 세계적으로 주술을 행

소개합니다

마리 라보

마리 라보(Marie Laveau, 1801~1881)는 잘 알려진 보둔교 사제이자 자유인이며, 유색인종, 약초학자, 부두와 후두주술사, 산파, 그리고 연예인이다. 약초와 부적, 그리-그리(Gris-Gris, 마법 약초 가방)를 판매했고, 감옥에 갇힌 자들을 사제로서 도와주었으며, 점을 치고, 아픈 이들을 치유했다. 또한 공개와 비공개로 보둔교 의식을 이끌었다.

보둔교에 대한 신앙과 더불어 마리 라보는 독실한 천주교 신자이기도 하다. 천주교의 기도문과 성수를 결합한 마리 라보의 주술은 상류층 백인 고객들이 쉽게 받아들일 만했다. 라보는 그 명성과 아름다움, 그리고 주술능력 덕에 오늘날까지도 매혹적인 존재로 남아 있으며, 라보의 무덤은 여전히 뉴올리언스에서 인기 있는 관광명소다.

하는 자들은 사랑의 마법과 수호의 마법을 행하지만, 유럽의 요술쟁이들은 도둑맞은 재산을 되찾거나, 동물들을 보호하거나, 마녀술에 맞서 싸우는 것 등을 매우 중요시 여기기도 한다. 후두에서 하는 일은 조금 다르다. 누군가의 태도를 즐겁게 바꾼다든지, 법정에서 정의를 실현한다든지, 돈을 끌어들이고, 적을 멀리 내쫓는다든지 하는 것이다. 후두는 복수하고 적을 해치는 행위를 포함하는 반면에, 유럽에서는 대부분 이런 마법들을 토속주술이 아닌 마녀술이라고 불렀다(유럽과 북미는 기본적으로 기술, 그리고 가끔은 행위자가 같다. 단, 차이점은 그 의도에 있다).

토속주술의 실제

교활한 자들은 악과 사고, 질병으로부터 보호해주고, 사랑을 가져다주며, 아픈 이들을 치료해준다. 또한 출산 시에 어머니와 신생아를 보호해주고, 잃어버리거나 도둑맞은 물건들을 찾아준다. 작물과 동물들을 보호하고, 도둑들을 밝혀내며, 미래를 읽고 꿈을 해석하며 사냥꾼과 농부, 선원 같은 직업인들을 보호한다. 몇 가지 특별한 사례들을 살펴보자.

치료

치료는 아마도 토속주술에 있어서 가장 빈번히 등장하는 주제일 것이다. 다음은 토속주술을 통해 치료하는 사례들을 그저 몇 가지 추린 것이다. 이 일화들과 함께 언급하는 책에는 더 많은 사례가 들어 있다.

- **4세기 로마** 『황금가지』는 테오도시우스 1세의 주치의였던 마르첼루스 엠피리쿠스(보르도의 마르첼루스)가 사용했던 종양치료법을 기록하고 있다. "마편초 뿌리를 하나 골라 반으로 가른 뒤, 한쪽은 환자의 목 주변에 매달고 다른 한쪽은 연기를 쏘여준다. 마편초가 연기 속에서 바싹 마르면서 종양 역시 바싹 말라 사라질 것이다."
- **12세기 프랑스** 수많은 프랑스의 토속적인 치료법은 성인(聖人)의 성유물과 관련 있다. 『중세의 민속Medieval Folklore』은 코르베니에서 성 마르쿨이 치료와 관련되어 있다고 주장한다. 수사들은 성 마르쿨의 성유물을 물에 담근 뒤 그 물을 작은 병에 나누어 담아 판매했다. 구입한 사람들은 치료를 위해 이 물로 상처를 씻거나 마셨다.
- **19세기 독일** 『황금가지』에 언급되었듯, 치아 하나를 제거한 뒤 향후 치과적인 문제나 치통을 방지하기 위해 그 치아를 쥐구멍에 집어넣는 것이 권장되었다.
- **19세기 그리스** 『황금가지』에 따르면 황달을 치료하기 위해 사람들은 와인에 금 한 조각을 집어넣고 3일 밤 동안 그 와인을 별빛 아래 내놓았다가 황달이 사라질 때까지 매일 와인을 세 잔씩 마시라는 지시를 받았다.
- **20세기 초 영국제도** 『세실 윌리엄슨의 마녀술서Cecil Williamson's Book of

Witchcraft』에서는 기침과 인후통, 쉰 목소리로부터 목을 보호하기 위해, 작은 천 가방에 당나귀의 귀 끄트머리를 가지고 다니라고 추천하고 있다.

이 책에 등장하는 권장사항들이 어떤 병을 치료하거나 여러분이 현재 복용하는 약을 대체하자는 것은 아님을 명심하자. 새로운 치료 프로토콜을 시작하기 전에 언제나 의사와 상의해야 한다.

수호와 행운

행운을 비는 토속주술을 행하려고 고대까지 거슬러 올라갈 필요는 없다. 그 관행들은 오늘날까지 살아 있으니까. 12월 31일 자정에 키스를 하면 고대 로마에서 그러했듯 오늘날에도 행운을 가져다준다. 다음은 현재 전 세계에서 행해지는 행운과 수호의 전통들이다.

- **멕시코** 화환(리스트라스Ristras)이 집집마다 수호와 행운, 부를 기원하기 위해 걸려 있으며, 보통은 고추나 마늘을 엮어 만든다. 일부 재료는 그저 향신료로, 나중에 요리에 쓰기 위해 건조하는 동시에 보호를 해준다고 한다. 나머지 재료는 오직 주술을 위한 것으로, 성인을 그린 그림이나 마법 약초, 자철석, 암염, 잣, 신선한 알로에 등이 쓰인다.

치료마법

마법사들은 언제나 치료해달라는 부탁을 받는다. 이 간단한 치료마법은 힘을 가진 물건, 자연의 힘, 일치의 연결, 힘의 말씀 그리고 심령에 대한 기도 등 여러 가지 토속주술의 기술들을 결합한 것이다. 여러분의 취향에 따라 하느님이나 여러분이 섬기는 어느 특정한 이교신, 아니면 또 다른 영혼 등을 이용할 수도 있고, 아니면 4단계를 완전히 다시 쓸 수도 있다.

필요한 것

양초(치료를 위한 파란색 초 또는 두루두루 쓸 수 있는 하얀색 초)
칼이나 핀
올리브오일 약 1테이블스푼
치료가 필요한 사람의 사진
신선한 로즈마리 잔가지
제단(촛불과 사진을 올려놓을 봉헌용 작업대)

순서

1. 칼이나 핀으로 치료를 받을 사람의 이름을 양초에 새겨서 준비한다. 그 후 올리브오일로 양초를 문질러서 '옷을 입힌다.' 시계 반대방향과 아래쪽으로 움직이면서 이렇게 말한다. "아픔아, 아픔아, 가버려라."

2. 사진을 신선한 로즈마리로 문질러 준비한다. 위쪽으로 움직이면서 이렇게 말한다. "치료야, 치료야, 머물거라."
3. 양초와 사진을 제단 위에 올려둔다. 다른 물건이나 향을 함께 올려놓아도 괜찮다. 양초에 불을 붙인다.
4. 다음의 말을 아홉 번 반복한다. "하느님이 질병을 재로 불태워버렸다네. 하느님이 금세 치료를 해주신다네."
5. 촛불이 완전히 타버릴 때까지 내버려둔다.

- **중국** 풍속에 따르면 대나무는 악한 영을 몰아내고 선한 영을 불러들인다. 대나무로 피리를 만들어 선한 영의 이름을 그 위에 새겨서 연주하면 영혼을 불러올 수 있다.
- **스리랑카** 베스틸Be-still이라는 풀은 '행운의 열매'라고 알려져 있으며, 행운을 부르는 부적으로 지닌다.
- **아일랜드** 아일랜드인들은 모든 집에 영혼이 있다고 생각하며, 이 영혼을 행복하게 해주어야 집이 행복해질 수 있다고 믿는다. 열쇠를 잃어버려서 찾아보다가, 결국 맨 처음에 찾아본 장소에서 발견한 경험이 있는가? 집의 영혼이 장난을 치고 있는 것으로, 이 영혼들이 여러분과 함께 있는 게 그다지 달갑지 않다는 의미다. 집의 영혼들을 달래주기 위해서는 집을 깔끔하게 유지하고, 방문객들을 따뜻하게 맞이하면서 제물을 남겨두어야 한다. 예상치 못했던 손님들을 위해 항상 충분한 음식과 음료를 구비해두자. 환대는 집의 영혼들에게 중요한 미덕이다.

잃어버린 물건들

『커닝햄의 마법 약초 백과사전Cunningham's Encyclopedia of Magical Herbs』에서 스코트 커닝햄은 "잃어버린 물건을 찾기 위해 미국자리공을 수국과 제비꽃, 그리고 양강근과 섞는다. 그 물건을 마지막으로 본 장소 주변에 이 약초들을 뿌린다"고 썼다. 또한 스틸링지아를 태운 뒤 그 연기를 쫓아가면 잃어버린 물건이 있는 장소로 갈 수 있다고 주장하기도 했다('여왕의 뿌리'라고도 알려져 있는 스틸링지아는 미국 남부 평야에서 자라는 식물로, 미국 원주민이 토속의학에서도 사용했다).

수맥봉 역시 물과 보물뿐 아니라 잃어버린 물건을 찾을 때 사용할 수 있다. 고대 중국인과 그리스인, 로마인들이 수맥봉을 사용했고, 『출애굽기』에도 등장한다. 알제리아 남동부에 있는 국립공원인 타실리나제르의 어느 동굴에는 선사시대의 수맥봉이 어떻게 생겼는지 보여주는 그림이 그려져 있다.

수맥을 찾기 위해 Y모양의 나뭇가지나 막대기를 사용한다. V자로 갈라진 부분의 끄트머리를 양손으로 잡고, 다른 끝 부분이 여러분을 올바른 방향으로 인도하도록 맡긴다. 짐작컨대 어떤 방식으로 막대기는 축성을 받거나 힘을 부여받게 되며, 이 막대기를 쥐고 있는 이는 아마도 기도나 기원문, 부적을 쓰거나 또는 다른 형식으로 개인적인 대비를 하고 있을 것이다.

진자는 보통 '그렇다 또는 아니다' 중에서 응답을 받기 위해 쓰이는데, 잃어버리거나 도둑맞은 재산을 되찾기 위해 쓰이는 또 다른 토속주술의 방법이다. 그 외에도 많은 용도로 쓰이는데, 태아의 성별을 감별할 때 '그렇다/아니다'는 '아들인가 딸인가'를 묻는 질문으로 대체된다.

진자를 사용하기 전에 오늘날 대부분의 사람들은 "그렇다는 것을 보여줘" 혹은 "아니라는 것을 보여줘"라고 묻는다. 수직으로 움직이는지, 수평으로 움직이는지, 혹은 원을 그리며 움직이는지에 따라 그 의미를 해석하는 전통은 아주 광범위하다. 수맥봉과 마찬가지로 진자를 사용하기 위해서는 축성을 하거나 주문을 걸어야 하고, 아마도 기도나 주문으로 시작할 것이다.

진자를 이용해 잃어버린 물건을 찾는 기술에는 두 가지가 있다. 하나는 진자와 함께 걸으면서 '그렇다'로 움직이는 방향을 따라가는 것이다. 다른 하나는 지도 위에 진자를 늘어뜨려서 진자가 방향을 인도하게 하는 것이다. 집에서 뭔가를 잃어버렸다면 지도 대신 평면도나 그림을 이용할 수도 있다. 진자를 이용하는 방법이 더 궁금하다면 온라인 지침서를 참고하자(240페이지).

토속주술은 어디에나 있다

토속주술은 가장 오래된 형태의 마법이다. 교활한 자들은 언제나 존재해 왔고, 인류는 사실 지금은 '마법'이나 '미신'이라고 부르는 여러 가지 관습들을 항상 가지고 있었다. 어마어마한 종류의 토속주술에는 치료를 하거나, 행운을 불러오거나, 악으로부터 수호하는 것 등이 있다.

토속주술은 가끔 오컬트의 일부로 간주되지 않는다. 그러나 토속주술이 비록 그 뿌리를 일상생활에 두고 있음에도, 실제로 불가사의하고 신비하며 가끔은 다른 오컬트 기술과 중첩된다는 것을 배웠다. 예를 들면, 다음과 같다.

- ◆ 현인들은 제식마법사나 연금술사, 그리고 다른 오컬티스트들처럼 심령을 불러낼 수 있다. 하느님과 천사, 그리고 악마의 이름은 제식마법에서 대단히 중요하다.
- ◆ 교활한 자들은 점성술과 마도서, 그리고 다른 마법서를 사용한다.
- ◆ 토속주술사와 연금술사 모두 풀과 광물의 힘을 이용한다.

이 책을 읽어나가는 동안, 새로이 알게 되는 관행들이 토속주술과 다르지, 아니면 연결되어 있는지를 생각하며 다음의 질문을 떠올려보자. 요술쟁이는 이 기술을 과거에 사용했는가? 토속주술사들은 오늘날 이 기술을 사용하는가?

마녀술

토속주술의 어두운 이면으로 시작해서 마녀술은 역사를 통틀어 마치 모습을 바꾸는 존재처럼 변하고 변신해왔다. 오늘날 마녀술은 누군가가 '마녀'라는 단어를 입에 올릴 때 그게 무슨 뜻인지를 알아차리는 게 거의 불가능해졌다. 우리가 배웠듯 토속주술사들이 하는 일 가운데 하나는 사악한 마법과 싸우는 일이었다. 그렇다면 우리는 어떻게 토속주술로부터 출발해 "마녀들이 치유해줄게Witches Heal" 따위가 쓰인 자동차 범퍼 스티커가 등장하는 데까지 오게 되었을까? 한번 살펴보자.

서기 906년경 교회문헌인 〈캐논 에피스코피Canon Episcopi〉에 따르면 "악마에 의해 비뚤어진 사악한 여성들은 밤에 이교도의 여신인 다이애나를 숭배한다"고 했다. 그러면서 살아남은 이교도 숭배나 관행을 사탄숭배와 마녀술에 함께 엮는 과정이 시작되었다. 그 후 1484년에 교황 인노첸시오 8세가 마녀사냥에 총력을 기울이기 시작하라는 포고령을 내렸다. 기본적으로 교회가 처벌하지 않던 치료의 관행들이 이제는 마녀가 사용한다고 비난받는 주술들과 한데 엮이게 되었다. 마을의 치유사들은 대부분 영향을 받지 않았지만, 마녀술을 행한다는 혐의를 받는 자는 자기가 소에게 저주를 내리고 악마와 섹스를 했을 뿐 아니라 치료도 했다고 강제로 자백해야 했다.

몇 백 년이 흐른 뒤, 세일럼 마녀재판에서 큰 영향력을 발휘하던 성직자 인크리스 매더는 하느님이 아닌 사탄이 치료하는 것이라고 공공연하게 밝혔다. 이소벨 고우디(오른쪽 페이지 참고)를 한번 떠올려보자. 고우디는 고문 때문에 놀라운 자백을 하게 되었고, 이는 오랜 마녀사냥 역사에서 가장 잘 알려져 있다. 자신이 악마와 섹스를 했고, 다른 모습으로 변신했으며, 농사를 망치고 어린 아이들을 죽이는 흑마술을 행했다고 고백하는 것 외에도 25차례 이상 질병을 치료했다고 '자백'했다.

이쯤에서 애매해진다. 치유자는 토속주술사인가 마녀인가? 교회는 오랫동안 태도를 분명히 밝히지 않았기 때문에 '마녀'를 악이 아닌 금기를 행하는 자로 쉽게 규정하게 되었다. 이제 마녀들은 따돌림받는 사람이라고 재정의되었고, 아니나 다를까, 결국 이로 인해 마녀들이 멋져 보이게 되었다. 다만, 마녀술을 재정의하는 일이 유럽 기독교 국가에서만 이루어졌음을 염두에 두자. 나머지 세계에서, 특히나 아프리카와 남아시아에서 '마녀'는 여전히 '악행을 저지르는 자'를 의미하며 마녀사냥이 계속되고 있다. 가나에서는 마녀술을 행한다는 혐의로 여성들에게 가해지는 공격에 맞서 싸우기 위해, 2020년 아쿠아 덴테 재단Akua Denteh Foundation이 설립되었다(이 재단의 이름은 2020년 7월 마녀술로 인해 폭행당한 아쿠아 덴테의 이름을 딴 것이다).

로널드 허튼의 저서 『달의 승리』는 영국에서 특정한 문화요소, 즉 자연과 자연숭배에 대한 재각성, 19세기 후반과 20세기 초반의 오컬트, 그리고 야생과 금기에 대한 사람들의 욕망 등이 어떻게 결합했는지 기록했다. 영국인들은 이런 식으로 각성한 사람들을 가장 적절하게 설명할 수 있는 표제어로 '마녀'라는 꼬리표를 택했다.

마침내, 너무나 많고 다양한 상황들을 의미하는 너무나 많고 다양한

소개합니다

이소벨 고우디

이소벨 고우디(Isobel Gowdie) 자체에 대해서는 알려진 것이 거의 없다. 1662년 고우디는 네 차례에 걸쳐 마녀술에 대해 이례적일 정도로 자세히 자백했고, 이는 토속주술과 마녀술의 풍속에 대해 몹시도 풍부한 통찰력을 안겨주었다. 거의 200년이 흐른 뒤 이 네 번의 자백은 로버트 피트케른의 『스코틀랜드의 옛 형사재판(Ancient Criminal Trials in Scotland)』에 실렸다. 또한 고우디의 자백은 마가렛 머레이의 『서유럽의 마녀숭배(The Witch-Cult in Western Europe)』에서 논의되는 한편 여러 소설과 연극, 음악의 주제가 되었다.

사람들이 모두 '마녀술'이라는 단어 하나로 규정되었다. 이 장을 계속 읽어 나가면서 이런 사람들에 대해, 과거에는 어떤 사람들이었고, 또 오늘날에는 어떤 사람들이었는지를 더 자세히 알게 될 것이다.

오늘날의 마녀술 이해하기

그렇다면 우리는 '마녀술'이 무엇을 의미하는지 어떻게 알 수 있을까? 오늘날 누가 자신을 마녀로 여기는지 살펴보는 데에서 시작해보자. 마녀들은 공통적으로 어떤 관행과 생각을 가지고 있는가? 매우 다양한 변주를 한꺼번에 섞어버리는 일은, 분명 셀 수 없이 많은 예외가 존재하는 만큼 지나친 일반화처럼 보일 수도 있다. 하지만 기초적으로 이해하는 데에는 도움이 될 것이다.

마법과 주문

마법을 행하는 일은 바로 마녀술의 결정적인 특징이다. 누군가에게 주문을 걸거나, 부적을 만들거나, 아니면 어떤 형태의 마법을 부리지 않는 사람은 마녀가 아니다. 하지만 마법을 부리는 방법은 천차만별이다.

오늘날 새로 만들어진 말인 '울타리 마녀'나 '부엌 마녀'는 기본적으로 토속주술과는 구분이 어려운 관행을 의미한다. 이 마녀들은 약초학과 집에서 손수 만드는 것에 집중한다. 위칸에게는 마법용으로만 사용하는 성스러운 칼('아싸메Athame'라고 한다)이 있지만, 부엌 마녀는 주문을 위해 서랍에서 아무 칼이나 꺼낸다. '초록 마녀' 역시 비슷하지만, 아마도 약초채집에 좀 더 초점을 맞추면서 식물과 자연과의 물활론적인 관계를 맺기도 한다. 즉, 식물과 자연을 지각이 있는 존재로 보고 교감하기도 하는 것이다.

어떤 마녀든 주문을 외울 때 약초를 쓰지만, 돌과 수정, 문자나 말로 표현된 이야기, 정교하거나 간단한 의식, 북 치기, 춤, 또는 다른 관행들도 활용한다. 대부분의 마녀들은 자신을 선한 행위자로 보지만, 많은 마녀들은 마법을 가지고 기꺼이 저주를 내리거나 억압하거나 조종하기도 한다. 기술로서 마녀술은 윤리적으로 중립적이며, 누가 하느냐에 따라 달라진다.

에너지 작업과 트랜스

마녀술에는 대부분 트랜스Trance처럼 적어도 얼마간 의식의 상태를 바꾸어놓는 행위가 들어간다. 어떤 마녀들은 자신을 샤먼이라 생각한다. 다만, 이 용어에는 독학한 유럽인들이나 미국의 비(非) 원주민들을 포함하지 않는 특정한 인류학적 의미가 있다.

역사적으로 마녀술은 주술에 의한 트랜스와 약물, 특히나 향정신성 향을 사용하는 것과 강력히 연계되어 있다. 오늘날 일부 마녀들이 트랜스

상태를 유도하기 위해 약물을 사용하기도 한다. 유체여행나 다른 형태의 비육체적 이동, 빙의, 영매능력이나 '에스펙팅'* 혹은 채널링**, 꿈 작업 등이 트랜스의 관행에 속한다.

마녀가 행하는 에너지 작업은 안수부터 오라Aura(인간의 에너지장) 작업, 그리고 주술의 형태로 에너지를 보내는 것까지 여러 가지 관행을 가리킨다. 손바닥으로 에너지파를 쏘는 일은 현실에서는 닥터 스트레인지가 하는 것처럼 멋있어 보이지 않을 수 있다. 그러나 이는 예로부터 전해져 내려오던 마법의 작동법이다. 치유하기 위해서 어떤 방향으로 에너지를 보내거나 환자의 에너지와 교류할 수 있다.

마녀집회와 홀로서기의 관행

마녀들은 외따로, 혹은 마녀집회(정기적으로 모이는 마녀모임)에서 작업을 한다. 매우 영향력 있는 책인 『서유럽의 마녀숭배』에서 마가렛 머레이는 마녀들이 언제나 열세 명, 즉 남성 여섯 명과 여성 여섯 명, 그리고 어느 성별이든 상관없는 간사 한 명이 모이는 집회에서 작업한다고 설명했다. 오늘날에는 집회 인원은 상관없지만 대부분은 열세 명이 최대인원이라 생각한다. 일부 집회는 모이는 인원의 성별을 중시하고 일부는 중시하지 않는다.

---

* Aspecting: 점성술에서 애스펙트는 행성과 행성이 이루는 각으로 길흉을 결정한다.

** Channeling: 영적 접속.

기타 오컬트 관행

대부분의 마녀들은 마녀술이라고 명확하게 규정된 관행들에만 국한되지 않으며 적어도 오컬트의 다른 측면들에도 정통하다. 마녀들은 타로 해석가나 점성술사, 카발라주의자, 심지어는 연금술사이기도 하다. 그 후 이런 식의 오컬트 관행들이 마녀술에 접목될 수도 있다. 게다가 마녀들은 하나 혹은 그 이상의 다른 오컬트 단체에 소속되어 있기도 한다. 이를 테면, 프리메이슨이나 텔레마, 장미십자단 같은 단체들이다.

주술적이거나 영적인, 또는 에너지가 집중된 다른 추가적인 관행들은 서양 오컬트의 영역을 벗어날 수도 있으며, 심지어는 아예 오컬트로 취급받지 않을 수도 있다. 그런 마녀의 관행 중에 내가 알고 있는 몇 가지에는 후두, 레이키*, 요가, 아야와스카 의식**, 탄트라 등이 있다.

마녀술과 종교

마녀는 종교적일 수도 있고 아닐 수도 있다. 종교적인 마녀는 종교와 마녀술을 결합할 수도 있고 아닐 수도 있다. 일부 마녀는 일요일에 교회에 가고 그 후 집에 돌아와서 세속적인 마녀술에 꼭 필요한 활동을 한다. 다른 사람들에게 마녀술은 종교와 혼합되어 있으며, 다양한 형태를

* 일본에서 우스이 미카오가 시작한 일종의 기 치료.

** 남미 아마존에서 식물 뿌리 추출물로 만든 환각성 음료를 마시고 행하는 종교의식.

띤다.

위카라는 종교에서 마녀술은 숭배의 본질적인 부분을 이룬다. 위칸들 가운데 일부는 자신이 마녀가 아니며 마녀술을 행하지 않는다고 이야기하지만, 이런 현상은 100년이 채 되지 못한 종교에서조차 엄청나게 새로운 현상이다. 그리고 나는 이것이 위카('마녀'를 뜻하는 고대 영어에서 파생된 말이다)의 정의 그 자체와 배치된다고 주장하고 싶다.

종교 역시 마녀술과 나란히 행해질 수 있다. 혹자는 '기독교 마녀'라는 말이 모순되는 어법이라고 생각하지만, 다른 이들은 그 자체를 편안하게 인정하기도 한다. 예수 또는 성인들이 위칸의 제단이나 주문에 결합될 수 있고, 다른 이교의 신들도 역시 마녀술에 포함되기도 한다.

마지막으로, 마녀 하나가 한 번에 여러 유형의 관행에 개입하기도 한다. 위칸은 이단자(고대 스칸디나비아 종교의 추종자)가 되어 각각을 별개로 유지할 수도, 아닐 수도 있다. 나는 금요일 밤에는 회당에 출석하고 난 뒤 토요일 밤에는 위칸 집회에 참석해 주술을 행할 수도 있다. 마녀술은 영성에 있어서 놀라우리만큼 유연하다.

어떤 마녀가 어떻다고?

'마녀'라는 단어를 끌어낸 역사적 변화로 각각의 의미를 정의해야 할 필요가 생겼다. 오늘날 우리는 다음에 나오는 의미로 이 단어를 사용하는 사람들과 만난다. 각본가들은 다음의 묘사들이 모두 동시에 들어맞는 인물을 만들어내는 데에 천재적이다.

악의 집행자

본래 '마녀'는 이런 식으로 이해되었다. 중세유럽에서는 마녀가 악마와 협약을 맺었기 때문에 그렇다고 가정했고, 이 믿음은 오늘날까지 살아 있다. '악의 집행자'로 여겨지는 마녀의 두 가지 사례로는 아그네스 샘슨과 이소벨 고우디(55페이지 참고)가 있다.

아그네스 샘슨은 1591년 스코틀랜드에서 마녀술을 행했다는 이유로 화형을 당했다. 영국 국립기록보관소가 소장하고 있는 '한 마녀의 고백 A Witch's Confession'에 따르면, 샘슨은 시아버지를 살해해 달라는 한 여성의 사주를 받은 뒤에 다음과 같은 일을 저질렀음을 자백했다고 한다. "밀랍으로 그림을 그리고 들장미 덤불이 우거진 물가에서 심령을 불러낸 뒤, 그 심령에게 사주한 여성의 시아버지를 파멸시키는 주술을 그림에 걸어 달라고 부탁했다. 그리고 사주한 여성에게 그 그림을 보내 시아버지의 침대보 밑이나 침대 머리맡에 놓아두라고 했다."

이소벨 고우디의 자백 가운데 하나는 "이웃인 브래들리의 작물을 파괴하기 위해 한 아이의 시체를 무덤에서 가져와 이를 주문의 일부로 사용했다"라는 내용이다.

버림받은 자, 반역자, 그리고 금기의 집행자

일단 치유와 마녀술이 하나로 합쳐지자, 마녀술은 그 무엇보다도 사람들을 불편하게 만드는 존재가 되었다. 권력을 가진 자들은 마녀술을 두려워했고, 억압받는 자들이 자연스레 갖출 수 있는 무기로 보았다. 어쨌든 마녀술을 행할 수 있는 기술을 가진 자는 누구나 이 무기를 쥘 수 있었고, 아무런 공식적인 인가도 필요치 않았으니까 말이다.

1899년 민속학자 찰스 갓프리 리랜드는 『아라디아, 또는 마녀들의 복음서Aradia, or the Gospel of the Witches』를 출간했다. 이 책에는 리랜드가 막달레나라는 여성에게서 전수받은 마법주문과 이탈리아 마녀들의 구전지식들이 실려 있다. 다이애나 여신과 남동생 루시퍼의 딸인 아라디아는 최초의 마녀로 이 세상에 태어났다고 한다. 다이애나는 마녀술의 목적은 억압하는 자들과 싸우기 위해서라고 했다. 마녀술은 악에서 행동주의로 변했고, 마녀는 단순한 독살자가 아니라, 영원히 억압하려 드는 교회 권력을 비롯한 권력을 독살하는 자였다.

소개합니다

매튜 홉킨스

매튜 홉킨스(Matthew Hopkins, 약 1620~1647)는 악명 높은 마녀사냥꾼이자 자칭 '마녀수색대장', 그리고 『마녀의 발견(The Discovery of Witches)』의 저자다. 홉킨스는 고발과 고문을 통해 자백을 받아냈고, 영국에서 마녀로 몰린 여성들을 연달아 적어도 230명을 사형시켰다. 이는 그 이전 100년 동안 사형이 집행된 마녀의 수보다 더 많은 숫자다.

홉킨스의 고문방식에는 잠을 못 자게 한다거나 "찌르기('악마의 표식'으로 추정되는 곳에 칼이나 핀을 찔러 넣는 것. 사실은 사마귀 또는 피부가 변색된 부위였다)", 그리고 "물에 띄우기(혐의자를 의자에 묶은 뒤 물에 던진다. 마녀라면 물에게 '거부' 당해 물 위에 뜨게 된다)" 등이 있었다. 홉킨스의 책은 뉴잉글랜드 마녀사냥을 이끄는 매뉴얼이 되었다.

소설에서 페미니즘의 상징으로

근대역사상 상당 기간 동안 소설에서는 오직 악랄한 여성만이 힘을 가졌다. 팜므파탈인 여자 마법사들과 사람을 해치는 쭈그렁 할망구는 흥미를 끌었지만 '선한' 여성들은 조용하고 새초롬했다. 백설공주는 만화영화에서 거의 말을 하지 않는다. 왕궁을 차지하고 마법의 거울을 가진 것은 사악한 여왕이다.

20세기에 페미니스트들은 이 사실에 주목하고 이를 받아들였다. 1968년 '지옥에서 온 국제 여성 테러리스트 음모단Women's International Terrorist Conspiracy from Hell', 즉 W.I.T.C.H(위치)가 창설되었다. 마고 애들러는 『달을 끌어내리다Drawing down the Moon』에서 이렇게 설명했다. "WITCH는 … 연극이자 혁명, 주술이자, 테러, 즐거움이자 마늘꽃, 그리고 마법주문이다. 이는 마녀와 집시가 억압, 그러니까 여성에 대한 억압에 맞서는 최초의 게릴라이자 레지스탕스 전사라는 깨달음이다."

WITCH의 여성들이 이미 위카가 몇 년 동안 미국에 존재해왔음을 알고 있었는지는 불분명하다. 그럼에도 마녀술이라는 개념을 문자 그대로 받아들이지 않은 페미니즘과 여성 영성 운동에서 아이콘이자 상징, 은유로서 마녀를 받아들였다.

위카와 '전통적인' 마녀술

현대의 이교도 마녀술 또는 위카는 1954년 제럴드 가드너가 쓴 『오늘날의 마녀술Witchcraft of Today』이 출간되면서 급부상했다. 이는 토속주술과 오컬트, 그리고 이교도 숭배 등 '기교'와 종교의 독특한 조합이었다(위카는 프리메이슨 조직이 자기네 기술을 '기교'라고 부르는 관행을 따른 것이다). 가드너가 이 모든 것을 지어냈다는 이야기도 있었지만, 작가 필립 헤셀튼의 연구는 뉴 포레스트 마녀집회가 존재한다는 것을 입증했다. 다만 이 집회의 시작점이 1920년대보다 더 오래되지는 않았을 뿐이다.

뉴 포레스트 마녀집회는 가드너와 비슷한 관심사를 가진 오컬티스트들로 구성되었다. 이들은 마가렛 머레이의 『서유럽의 마녀숭배』에 흥미를 보인 장미십자단원, 약초학자, 민속학자, 영매, 그리고 자연숭배자였다. 가드너는 이들의 풍성한 오컬트적 요소를 받아들이고 동남아시아의

소개합니다

제럴드 가드너

제럴드 브로서 가드너(Gerald Brousseau Gardner, 1884~1964)는 오컬티스트이자 민속학자, 그리고 마녀로, 새로운 형태의 마녀술인 위카를 대중화하면서 널리 알리고 홍보했다. 1911년부터 1936년까지 동남아시아 말레이반도에 거주하면서 토착적인 주술의식들을 목도했다. 가드너는 영국으로 돌아온 후 뉴 포레스트 마녀집회를 접하고 가입했다.

가드너의 오컬트적인 관심에는 신지학과 장미십자단, 프리메이슨, 심령현상, 드루이드, 그리고 텔레마 등이 포함되어 있다. 가드너의 저서 가운데 가장 영향력이 큰 책은 소설 『고급마법의 구호(High Magic's Aid)』, 그리고 비문학인 『오늘날의 마녀술』과 『마녀술의 의미(The Meaning of Witchcraft)』다. 가드너가 속한 집회로서는 유감스러운 일이지만, 결코 자신이 원치 않는 공개석상에는 나서지 않았다. 가드너는 거의 독자적으로 현대 마녀술 운동을 만들어낸 셈이다.

토착의식들에 대한 지식, 그리고 우리에게 익숙한 마법의 롯지Magical lodge 라는 개념 등을 끌어와서 소위 '재구성된' 의식들을 만들어냈다. 가드너는 브리켓 우드 마녀집회를 결성했고, 도린 발리엔테, 잭 브레이슬린, 프레드 라몬드 등과 같은 작가들을 영향력 있는 회원으로 영입했다. 그렇게 이 분야가 움직이기 시작했다.

여러 마녀술의 트래디션은 '위카'라는 용어를 기피하며, 오컬트적인 특색이 약한 형태의 의례절차를 갖추고, 토속주술과 자연 쪽에 좀 더 깊숙이 발을 담그고 있다. 그 가운데 일부는 가드너리안* 트래디션과 비슷한 무렵에 생겨났는데, 코크레인 크래프트Cochrane's Craft, 1734 트래디션1734 Tradition, 페리 트래디션Feri Tradition, Y 플랜트 브란Y Plant Bran 등이 여기에 속한다. 이 트래디션들은 마녀들 사이에서 비주류로 남아 있으며, 대부분은 위칸 제도를 본보기로 인정한다. 오늘날까지도 잘 살아남은 영국의 전통적인 위카와 절충적인 위카들을 좀 더 자세히 살펴보자.

영국의 정통 위카

가드너는 다양한 마녀집회를 구성하도록 도왔다. '가드너리안'이란 표현은 가드너와 그의 집회를 모욕하기 위해 만들어졌지만, 이들은 잘 버텨냈고 오늘날 수천 명의 가드너리안 마녀들이 트래디션에서 수행하고 있다(위카에서 '트래디션tradition'은 '교파'와 거의 유사한 의미다). 가드너리안과 알

* Gardnerian: 제럴드 가드너의 책을 바탕으로 수행하는 위카.

렉산드리안Alexandrian, 그리고 몇몇 트래디션들이 행하는 위카를 일반적으로 영국 정통위카라고 부르며, 1990년대까지 위카는 대략 다음과 같은 구체적인 특성들로 정의되었다.

- **입회** 입회의식을 치르기 전까지는 트래디션의 일원이 아니다.
- **혈통 기반** 오직 가드너의 여사제(가드너리안 입회)나 알렉스 샌더스Alex Sanders(알렉산드리안 입회), 혹은 트래디션의 기원이 되는 누군가로부터 전해져 내려오는 혈통을 적절하게 전수받은 자만이 입회식을 치를 수 있다는 승인을 받는다.
- **위계** 마녀집회는 대사제와 협력한 여성 대사제가 이끌게 되며, 지도자들은 그 집회를 어떻게 이끌 것이며 누구를 입회시킬지 결정하는 권한을 가진다.
- **비밀** 입회자는 비밀서약을 하고, 무엇보다도 정확한 의식과 신의 이름, 그리고 집회의 회원에 관한 비밀을 지킨다.

1970년대까지 이런 체계에 따라 작동하던 많은 트래디션들이 탄생했다. 가끔 이런 트래디션들은 고대까지 거슬러 올라가 기원설을 조작해냈다. 이 설들은 이제 애정을 담아 (또는 냉소적으로) '할머니들의 이야기'라고 불리기도 한다. 약간의 조작이 곁들여져 진실한 마법의 트래디션들이 탄생했고, 그 가운데 다수는 여전히 존재한다.

절충형 위카

1970년대에 접어들자 미국에서는 위카에 대한 수요가, 혈통을 바탕으로 하는 트래디션들이 감당할 수 있는 수준을 심하게 앞지르게 되었다. 미국인들은 자유분방했고, 따라서 위카는 확실하게 DIY적인 취향을 따르기 시작했다. 그리고 1898년에 스코트 커닝햄의 저서 『위카: 홀로서기 수행자를 위한 안내서Wicca: A guide for the Solitary Practitioner』가 출간되면서 돌파구가 마련되었다. 이 책은 아마도 위카와 관련해 가장 많이 팔린 책일 것이다.

위카는 직감을 기반으로 한 기교와 수행을 통해 자유롭게 위카에 합류할 수 있도록 지지했다. 즉, 스스로 입회할 수 있도록 허용했으며(이는 트래디션의 기교와는 배치된다), 홀로 수행하는 것에 집중했다. 이는 그 누구든 위칸이 되고 싶은 사람은 위칸이 될 수 있다는 의미였다. 보통은 독자적이지만 가끔은 마녀집회를 기반으로 하는 절충형 위카는 창의적이고 표현적이며, 쉽게 접근이 가능하다. 다만 더 오랜 트래디션들과는 달리 물려받은 지식의 기반이 부족할 뿐이다.

마녀술을 행하다

지금껏 살펴봤듯 마녀술의 변주는 가지각색이다. 예를 들어, 1968년에 활동한 페미니스트 마녀라면, 정치적인 연극무대에 섰을 것이다. 1899년 이탈리아의 마녀라면 억압하는 자를 독살했을 것이다. 물론, 곧 살펴보겠지만 보편적인 행위들도 일부 존재한다. 광범위한 마녀술을 살펴보는 것에 더해, 나는 아마도 가장 널리 보급된 형태의 마녀술이라 할 수 있는 위카에 초점을 맞추어보려 한다.

주문걸기

마녀술은 기본적으로 마법을 행하고 주문을 거는 행위다. 나는 주문걸기에 관해 책을 세 권 썼다. 그 근원까지 논의를 좁혀가는 일은 쉽지 않지만, 기본적으로 마법은 마녀의 정신집중과 의지, 그리고 (70페이지에 설명된 것들을 포함한) 일련의 도구와 재료들을 조합해서 행해진다. 이 조합은 힘을 만들어내게 도와주며, 힘이 만들어지면 이를 주문을 거는 대상에게 보낸다. 예를 들어, 44페이지에 있는 치료마법에서 도구와 재료는 양초와 사진, 로즈마리, 그리고 외는 주문이 포함된다. 주문을 거는 대상은 치료 받아야 할 사람이다. 초점을 맞추고, 집중한 뒤, 에너지를 높여서, 그 에너지를 보낸다. 주문걸기를 한 마디로 설명하자면 그렇다.

마녀의 도구

다양한 도구들이 마녀술과 관련이 있다. 일부는 시간이 지나면서 변했고, 일부는 늘 변함없이 똑같다. 마녀들이 사용하는 공통적인 도구들을 한번 살펴보자.

마녀를 생각하면 처음에 떠오르는 도구 중에는 아마도 **빗자루**와 **가마솥**이 있을 것이다. 역사적으로 빗자루는 남근숭배의 상징이다. 그리고 항상 상징일 뿐인 것도 아니다! 오늘날 빗자루는 부정한 것들을 쓸어버리기 위해 마법처럼 사용되고, 또 위카의 현대식 결혼에서 격식에 맞추어 등장하기도 한다. **가마솥**의 경우, 마법 음료뿐 아니라 불을 담아두는 용도로도 쓰인다. 다만 가마솥은 값비싼 용품이라 이를 갖추지 못한 마녀도 꽤 있다.

위카와 제례마법, 그리고 타로에서 공통적으로 쓰이는 네 가지 도구가 있다. 바로 **칼**과 **마법지팡이**, **컵**, 그리고 오각형의 별모양이 새겨진 원반이나 접시를 뜻하는 **펜타클**(Pentacle)이다. 이 도구들은 공기와 불, 물, 그리고 흙이라는 네 가지 원소와 연관되어 있으며, 각 원소와 관련한 마법을 쓸 때 거드는 역할을 한다. 이 도구들은 의식의 공간을 만들고 에너지를 인도하도록 도와준다.

마녀의 칼은 **아싸메**로 알려져 있다. 보통 손잡이는 검고 날이 양면에 있다.

대부분의 마녀들은 어떤 **점치는 도구**도 가지고 있다. 타로카드 한 팩, 수정구슬, 검은 거울 같은 것들이며, 그 외에도 종류가 수도 없이 많다.

일부 위칸들에게 **어둠의 경전**은 초창기 유산의 일부로 전해져 내려오며, 비밀에 부쳐져 있을 수도 있다. 가끔 손으로 직접 쓴 책이 트래디션마다 고유하게 전해지며, 가끔은 마녀 개개인에 따라 달라지기도 한다. 보통 사람들 눈에는 그저 주문과 의식을 기록하기 위해 쓴 공책으로 보인다.

오직 한 트래디션에서만 사용한다거나 아주 가끔씩만 사용되는 도구들도 많다. 예를 들어, 스탕(Stang)은 끝부분이 둘로 갈라진 특별한 지팡이인데, 일종의 이동형 제단으로 코크레인 크래프트에서만 사용한다.

서클 캐스팅(원 그리기)

서클 캐스팅은 위카의 핵심으로, 모든 의식이 시작되는 방식이다(물론 모든 마녀가 위칸은 아니며 주문걸기에는 서클 캐스팅이 필요하지 않다). 원은 보호를 해주고, 압력솥처럼 에너지를 머금는다. 따라서 원을 강력하게 그린 뒤에 이 에너지를 풀어줄 수 있는 것이다.

20세기 초 위카와 다른 새로운 마녀술 트래디션들은 의례적 배경이 탄탄한 오컬티스트들로부터 출발했다. 이들은 238페이지 연대표에서 설명하고 있는 모든 관행들을 이어받은 후계자들이다. 서클 캐스팅은 에노키안Enochian 마법과 마법의 롯지들, 그리고 황금여명회Golden Dawn 등의 요소를 활용한다.

서클 캐스팅을 행하는 방식에는 엄청나게 많은 변주들이 존재한다. 즉, 어떤 도구를 사용할지, 어떤 순서로 어느 방향에서 할지 등에 따라 다양해진다는 의미다. 기본적인 내용은 다음과 같다.

1. 동서남북을 의미하는 네 개의 방위기점('쿼터Quarter'라고 한다)을 표시한다. 보통은 양초를 쓴다.
2. 쿼터마다 돌아가며 그 주변으로 바닥이나 허공에, 혹은 양쪽 모두에 원을 그린다. 이를 위해 아싸메나 마법지팡이, 칼, 또는 지팡이 같은 도구들을 사용한다.
3. 원은 물을 뿌리거나 향을 피워서 만들 수 있는데, 이는 소금물과 향으로 정화한다는 의미다.
4. 보통 네 가지 원소와 하나씩 연관되는 각 쿼터의 존재들이 보호를 하기 위해 소환된다(일부 사람들은 한 가운데에 다섯 번째 원소인 정령을 불러내기도 한다).
5. 각 단계가 끝나면 힘의 말씀과 의도를 읊는다.

일단 원이 만들어지면 마법과 숭배, 그 외의 마녀술을 행할 수 있다. 의식이 끝나면 조심스레 순서를 거꾸로 되짚어가다가 원이 열렸다고 선언한다.

달의 의식

마녀술은 종교적이든 아니든 간에 달과 깊은 연관을 맺는다. 마녀들은 달의 에너지를 유리하게 사용하기 위해 달의 주기에 맞추어 마법주문을 욀 시기를 정한다. 상현달은 증가 마법(부와 건강, 기회를 가져다줌)을 행하기에 알맞으며, 하현달은 감소(뭔가를 내쫓음) 마법을 행하기에 알맞다.

대부분의 위칸들은 보름달을 숭배한다. 또한 어떤 위칸은 초승달을 숭배하기도 한다. 서클 캐스팅을 한 뒤에 달의 여신을 찬미하고 제물을 바치는 행위가 이어진다. 이상적으로는 달밤에 야외에서 행해져야 하며, 실내에서 행하는 경우에는 달이 떠오르는 방향을 마주보아야 한다. 우선 달에게 이 자리에 나타나주길 간청한 뒤, 달을 찬미하며 춤을 추고 노래한다. 그리고 달에게 경의를 표하며 케이크와 와인을 축성한다. 그 후 첫 음식과 술을 바닥에 부어 달에게 바친다(실내에서 의식을 치르는 중이라면 나중에 붓기 위해 따로 놓아둔다). 위칸이 아닌 마녀는 서클 캐스팅은 생략하고 그저 달빛에 맞추어 춤을 추기도 한다.

시간의 바퀴

위칸들은 통틀어 '시간의 바퀴'라고 부르는 여덟 번의 양력 명절을 기념한다. 또 달의 의식은 '에스밧Esbat'이라고 부르며, 음력 명절은 '사밧Sabbat'이라고 한다. 에스밧은 위카의 여신에 초점을 맞추는 반면에, 사밧은 신에 초점을 맞춘다. 다음의 표는 각 사밧의 날짜와 무엇을 상징하는지를 보여준다.

사밧	날짜	의미
벨테인(Beltane)/5월제/5월 전야	5월 1일	여신의 부활, 봄과 성애의 회귀
하지/미드서머(Midsummer)/리타(Litha)	6월 21일경	가장 낮이 긴 날, 정상에 오른 태양, 차는 해 Vs 저무는 해
8월 전야/래머스(Lammas)/루나사(Lughnasadh)	8월 1일 또는 2일	첫 수확, 곡식수확, 곡식의 신에게 바치는 제물
추분/마본(Mabon)/수확축제	9월 21일경	두 번째 수확, 빛과 어둠의 균형, 추수감사절
삼하인(Samhain)/할로윈	10월 31일	마지막 수확, 죽음과 부활, 신의 힘
동지/율(Yule)	12월 21일경	태양의 탄생, 저무는 해 Vs 차는 해, 어둠 속의 빛
2월 전야/성촉절/브리지드(Brigid)/임볼그(Imbolg)/오이멀크(Oimelc)	2월 2일	봄의 준비, 따뜻한 날씨가 찾아오길 기다림, 우유
춘분/오스타라(Ostara)	3월 21일경	따뜻한 날씨가 찾아옴, 어둠과 빛의 균형, 달걀

점

미래와 알 수 없는 현재를 읽어내는 점 중에서 어떤 형태는 언제나 토속 주술사가 행하는 업무 가운데 하나다. 일단 중세시대 마녀와 요술쟁이들이 하나로 합쳐지게 되자, 점은 빗자루만큼이나 마녀의 레퍼토리 중 하나가 되었다.

점은 마법을 행하는 것을 도와준다. 주문의 목적과 방향을 이끌어주고, 마법 작업을 하는 방법에 관한 답을 알려주기 때문이다. 마녀가 사용하는 두 가지 형태의 점인 타로와 점성술은 뒷부분에서 자세히 살펴보려 한다. 찻잎을 읽는 점, 손금점, 고대 스칸디나비아 룬문자를 읽는 점 등도 있다.

저주와 추방

저주는 마녀 고유의 일이며 여전히 그렇다. (보통은 위칸인) 일부 마녀는 어떤 종류의 저주에도 반대하지만 다른 많은 마녀들은 맥락이 중요하다고 말한다. 다른 사람들을 억압하는 자를 독살해도 좋다고 허용하는 『아라디아, 또는 마녀들의 복음서』에서처럼, 어떤 마녀들은 저주를 꺼려하지 않는다.

저주 또는 마력은 목표물에 해를 가하는 특정한 형태를 의미한다. 추방은 목표물을 몰아낸다. 악인을 추방할 수도 있고, 질병이나 종양도 쫓아낼 수도 있다. 속박은 악인을 꽁꽁 묶어서 아무런 해도 끼칠 수 없게 만든다. 그러나 적을 다루는 가장 부드러운 마법은 이들을 축복하고 악으로부터 멀어지게 만든 뒤, 너무 행복하고 즐거워서 골치 아픈 일을 저지르지 않게 하는 것이다.

마법적 정화

여러분의 도구에서 과거의 에너지를 정화하고, 도구마다 목적을 이룰 수 있게 축성하는 일은 중요하다. 다음은 그 방법이다.

이렇게 준비하세요

향과 받침대, 또는 향료 가루와 화로에 담긴 숯
성냥개비 또는 라이터
물이 담긴 작은 그릇
소금이 담긴 작은 그릇
정화가 필요한 도구
아싸메 또는 (가능하면) 마법지팡이
(가능하면) 기존에 축성받은 도구

순서

1. 아싸메나 마법지팡이 또는 손으로 향을 가리키면서 "공기여, 지혜를 가져다주소서"라고 말한다.
2. 성냥개비나 라이터를 이용해 향에 불을 붙이며 "불이여, 힘을 가져다주소서"라고 말한다.
3. 아싸메나 마법지팡이, 또는 손을 물에 대고 "물이여, 정화를 해주소서"라고 말한다.

4. 아싸메나 마법지팡이, 또는 손을 소금에 대고 "흙이여, 탄탄한 기반을 주소서"라고 말한다.
5. 소금 세 줌을 물에 넣고 섞는다.
6. 도구가 향에서 피어오르는 연기를 통과해 반대편으로 가게 한 뒤 "공기와 불이여, 이 [도구이름]을 정화하고 축복하소서"라고 말한다.
7. 소금물로 도구를 적신 뒤 "물과 흙이여, 이 [도구이름]을 정화하고 축복하소서"라고 말한다(도구가 소금물로 인해 망가질 수 있다면 의식이 끝난 뒤 깨끗이 닦자).
8. 가능하다면 주술을 전염시키기 위해 이미 축성한 도구로 도구를 건드리도록 하자.
9. "비나이다!"라고 말한 뒤 축복을 봉인하기 위해 곧장 도구를 사용한다.

마녀, 마법 그리고 오컬트

토속주술과 마찬가지로 마녀술 역시 많은 부분을 자연세계에 기대고 있는 만큼 관대하거나 당연한 존재로 받아들여지기도 한다. 그렇기 때문에 역사적으로 마녀술은 오컬트에 속하기도 하고 속하지 않기도 한다. 그러나 마법 행위 그 자체는 정의상으로는 오컬트이며, 마녀들은 언제나 오컬트 기술과 과학을 주문과 의식, 실행에 포함시킨다.

- 위카를 비롯해 현대의 마녀술은 초기 오컬트의 형태를 직접 물려받았다.
- 위카는 19세기 오컬트 부활로부터 큰 영향을 받았으며, 풍부한 오컬트 관행을 졸여내어 탄생했다(238페이지 연대표 참고).
- 마녀들은 다양한 오컬트 기술을 행하는데, 제식마법과 점성술, 타로, 카발라 등이 여기에 속한다.

다양한 마녀집회와 홀로서기를 한 가지각색의 마녀들이 다른 오컬트 기술에 보이는 흥미는 천차만별이지만, 그 연관성만큼은 분명하다.

점성술

대략 5000년 전 메소포타미아 지역에서 항해에 도움을 받는 것뿐 아니라, 곡식을 심고 추수를 하는 데에 지침으로 삼기 위해 별을 연구하기 시작했다. 별을 연구하는 학문(천문학)은 마침내 별을 연구해 예지하는 것으로 이어졌고, 그로부터 별을 이용해 점을 치는 것(점성술)이 탄생했다. 지금껏 보았듯 서양 오컬트의 핵심원칙은 “위와 마찬가지로, 아래에서도”다. 이는 소우주가 대우주를 반영한다는 의미로, “우주에서와 마찬가지로, 영혼에서도”가 된다. 따라서 별과 인간의 운명을 연결 짓는 과학을 발전시키는 일은 타당하다 할 수 있다.

서양 점성술은 약 2400년 전에 시작되었고, 바빌론에서 이집트로, 그리고 그리스로 전해졌다. 하지만 점성술은 단순히 서양만의 개념이 아니다. 중국의 점성술은 천년의 역사를 지녔다. 여전히 서양으로부터 영향을 받지 않은 채 남아 있는 중국의 점성술에 따르면, 12개의 상징이 12년으로 구성된 한 주기 동안 각각 일 년씩 맡아 다스린다. 인도 역시 기원전 1000년 정도부터 자체적인 점성술을 보유했다. 책머리에서 언급했듯 알렉산더 대왕은 그리스 문화를 고대 세계 곳곳에 전파했고, 그러면서 다른 문화의 신념과 관습을 받아들였다. 이런 식으로 그리스와 인도의 점성술(조티샤Jotisha)은 서로에게 지속적인 영향력을 미쳤다.

우리의 태양계는 태양을 중심에 두고 태양을 기준으로 삼아 만들어졌음에도 불구하고, 점성술은 지구를 기준으로 삼는다. 곡식을 심든 영혼을 이해하든 간에 우리는 여기 이 곳에서 무슨 일이 일어나는지를 예측하기 때문에 지구를 중심으로 하는 것이다.

지구가 중심에 있고 밤하늘이 그 위를 비추는 구(球)를 상상해보자. 일 년 동안 태양은 천문학자들이 '천구'라고 부르는 것 위로 가상의 원('황도')을 그리며 움직인다. 바빌로니아인들은 황도를 동일한 크기의 구역 열두 개로 나누고, 그 구역에서 가장 큰 별자리에 따라 이름을 지었다. 그리스인은 이를 '황도 12궁Zodiac'이라고 불렀는데, 대부분의 별자리가 동물의 이름을 땄기 때문이다('Zo-'는 동물원을 뜻하는 'Zoo'의 어원이다).

황도는 두 가지 방식으로 계산할 수 있다. 하나는 항성을 따라 계산하는 것이고, 다른 하나는 적도를 따라 계산하는 것이다. 이 점성술 체계가 세워졌을 때 그 결과로 나온 황도 지도는 계산방식과는 상관없이 어느 쪽이든 거의 동일했다. 그러나 2000년 후 별의 자연적인 운동은 항성식 계산과 적도식 계산이 완전히 다른 결과를 내놓는다는 것을 보여주고 있다. 예를 들어, 나는 4월 21일에서 5월 1일 사이에 태어나 적도 점성술에서 황소자리지만, 항성 점성술에서는 양자리다. 적도 점성술은 일반적으로 서양의 점성술사가 사용하고, 항성 점성술은 조티샤 점성술사가 주로 사용한다.

계몽기가 오기까지 점성술은 과학으로서 널리 보급되고 받아들여졌다. 합리성의 시대가 되자 점성술을 미개한 사이비 과학이라고 거부했

소개합니다

프톨레마이오스

클라우디우스 프톨레마이오스(Claudius Ptolemy, 서기 100~170경)는 그리스 혈통의 이집트인으로, 천문학자이자 점성술사, 수학자, 그리고 음악가이자 지리학자다. 점성술 입문서인 『테트라비블로스(Tetrabiblos)』를 썼는데, 이 책은 여전히 점성술에 수학을 접목한 영향력 있는 작품이다. 우주를 지도로 나타낸 프톨레마이오스의 천동설은 우주가 지구를 중심으로 돌아간다고 주장했고, 고대 세계 전체에 퍼져나갔다.

이제 우리는 지구가 고정되어 있지 않으며 우주의 중심이 아니라는 사실도 알지만, 지구 중심적인 점성술의 개념은 남아 있다. 프톨레마이오스는 점성술을 과학이라고 보았으며, 의학과 유사하다고 주장했다. 과학적인 사실에서 출발해 그 후 결론을 끌어내기 때문이다.

다. 지성인들과 교회의 반대 사이에서 점성술에 대한 지식의 상당수가 사라졌다. 실제로 서양 점성술은 1900년대 초반까지 거의 사장되었다. 그러다가 새로운 개념들이 그 틈을 메우면서 '현대' 또는 '부흥' 점성술이 일어났다. 20세기 후반, 흥미롭게 뒤엉킨 여러 사건들 중에 새로운 기록(그리고 기존 기록들의 새로운 번역)이 발견되면서 '전통적인' 점성술의 부활을 가져왔다. 전통 점성술과 현대 점성술의 차이는 나중에 좀 더 깊숙하게 파보도록 하자.

오늘날 전통 점성술이 부상하고 현대주의자들이 여기에 반발하면서, 현대파와 전통파 사이에는 상당한 논란이 일고 있다. 그러나 유명한 점성술사이자 작가인 크리스 브레넌은 두 학파가 융합할 것으로 본다.

12궁도란?

점성술에는 초심자에게 부담스러울 수 있는 여러 가지 기술적인 전문용어와 세부내용이 포함된다. 연금술을 제외하고 점성술은 그 어떤 오컬트 과학보다도 배워야 할 미묘한 차이들이 많다. 그러나 몇 가지 주요개념들은 엄청난 통찰력을 가져다줄 수 있다(또한 일부는 우리가 다른 오컬트 과학을 논하는 동안 유용하게 쓰일 수도 있다). 점성술의 기본을 더욱 잘 이해하기 위해 계속 이 책에 집중해보자.

12궁도에서 출발해보자. 12궁도는 시간 상 어느 특정한 순간에 하늘의 지도를 의미한다. 여러분의 12궁도 혹은 천궁도는 여러분이 태어난 순간의 지도다. 다음 페이지에서 설명하고 있는 각 요소는 12궁도에 등장하며, 따라서 이를 기본적으로 이해한다면 통찰력의 세계가 활짝 열릴 것이다. 12궁도란 일반적으로 둥근 모양의 천궁도를 12개의 구역으로 나누어 그린 것이다(80페이지에 실린 그림을 보자).

황도 12궁

누군가가 "네 별자리는 뭐야?"라고 물을 때는 황도 12궁을 구성하는 열두 개의 별자리 가운데 무엇인지를 묻는 것이다. 태양은 대략적으로 다음의 표에 쓰인 시기에 각 궁(하늘의 구역)에 머문다(해마다 하루 이틀 정도는 빨라지거나 느려질 수 있다).

별자리	기호	시기	핵심어
양자리	♈	3월 21일~4월 19일	카리스마 있는, 경쟁적인, 제멋대로인
황소자리	♉	4월 20일~5월 20일	실용적인, 소유욕 강한, 가정적인
쌍둥이자리	♊	5월 21일~6월 20일	변덕스러운, 이야기하기 좋아하는, 다재다능한
게자리	♋	6월 21일~7월 22일	감정적인, 예민한, 잘 돌보는
사자자리	♌	7월 23일~8월 22일	자부심 있는, 자신감 있는, 창의적인
처녀자리	♍	8월 23일~9월 22일	조심스러운, 정돈된, 분석적인

별자리	기호	시기	핵심어
천칭자리	♎	9월 23일~10월 22일	설득력 있는, 공정한, 우유부단한
전갈자리	♏	10월 23일~11월 21일	관능적인, 신비로운, 현혹시키는
궁수자리	♐	11월 22일~12월 21일	긍정적인, 현명한, 개방적인
염소자리	♑	12월 22일~1월 19일	신중한, 완벽주의자인, 틀에 박힌
물병자리	♒	1월 20일~2월 18일	독립적인, 창의적인, 관습에 얽매이지 않은
물고기자리	♓	2월 19일~3월 20일	공상적인, 감정이입을 잘하는, 비현실적인

행성

점성술은 지구를 중심으로 보기 때문에 지구를 행성으로 치지 않는다. 그러나 태양과 달은 '행성(좀 더 정확하게는 '빛'과 '발광체')'으로 간주한다. 천왕성, 해왕성, 그리고 명왕성은 맨눈으로 볼 수 없는 외행성이다(점성술은 명왕성이 왜소행성으로 강등되었다는 사실에 아랑곳하지 않는다). 행성과 그 기호, 그리고 의미는 다음에 나오는 표를 참고하면 된다.

앞에 나오는 각 별자리의 시기는 태양궁의 시기다. 예를 들어, 태양은 3월 21일부터 4월 19일까지 양자리에 머문다. 그러나 모든 행성은 특정한 시기에 하늘의 각 구역, 즉 궁에 머문다. 그리고 다양한 속도로 궤도를 돌며 자신만의 속도로 궁에서 궁으로 움직인다.

천궁도를 만들기 위해서는 어떤 행성이든 간에 정확한 날짜와 시간,

위도와 경도에서 시작해야 한다. 이는 행성의 위치와 상승점 또는 상승궁, 즉 그 순간 동쪽에서 떠오르는 별자리의 위치를 아는 데에 도움이 된다.

앞서 언급했듯 천궁도는 12구역으로 나누어진 원이다. 상승점은 180도(정서쪽)에 있고, 남은 별자리들은 그로부터 시계방향으로 순서에 따라 자리한다. 따라서 상승점이 양자리인 사람은 황소자리가 그다음 구역에 있고, 쌍둥이자리가 그다음에 따라온다. 그러고 나서 행성들은 자신들이 들어온 별자리의 구역에 자리하게 된다. 예를 들어, 달이 쌍둥이자리에 있는 사람이라면 달을 쌍둥이자리 구역에 추가한다.

행성	기호	천궁도에서의 의미
태양	☉	자아, 자신, 에너지
달	☽	감정, 무의식
수성	☿	소통, 지성, 언어
금성	♀	사랑, 관계, 예술, 아름다움
화성	♂	공격성, 용기, 섹스, 경쟁
목성	♃	관대함, 긍정, 행운
토성	♄	절제, 법규, 책임감
천왕성	♅	반항, 개혁, 기벽

행성	기호	천궁도에서의 의미
해왕성	♆	신비주의, 직관, 현혹
명왕성	♇	변신, 죽음과 부활, 진화
상승점	Asc	외모

행성은 별점의 시작으로, 인간과 사건, 그 밖에 계획된 모든 것들을 복잡하고 전체론적으로 설명한다. 내 태양궁은 황소자리로, 따라서 나는 가정적이고 실용적이며, 가끔은 둔감하기까지 하다. 그러나 우리는 내 목성이 물병자리에 있다는 것을 이해하면 미묘한 차이를 추가할 수 있다. 다시 말해 나는 관습에 얽매이지 않을 때 가장 발전적이고 긍정적인 사람이다.

하우스(House)

"행성이 있는 하늘의 일부를 천궁도라 한다면, 하우스는
그 하늘의 일부가 지구에서 당신이 어디에 있는 지와 관련된 자리다."
- 점성술사 어슬라 라이징

열두 개의 하우스는 수레바퀴의 바퀴살처럼 천궁도에 더해진다. 첫 번째 하우스는 상승점에 있고, 반시계방향으로 돌아간다. 하우스를 계산

하는 방식에는 여러 가지가 있다. 플라시두스Placidus 방식과 전체 천궁도 방식, 그리고 균등방식 등이 가장 흔하지만, 그 외에도 코흐Koch, 레지오몬타누스Regiomontanus, 그리고 모리누스Morinus 방식 등이 있다. 하우스 계산방식은 점성술에서 가장 논란이 되는 주제 가운데 하나지만 초심자라면 안전하게 어플이나 웹사이트에서 제공하는 대로 사용하면 된다(241 페이지 참고).

하우스	의미
제1 하우스	자아, 자신, 그리고 신체적 외모, 시작
제2 하우스	물질적이고 육체적인 것들, 육체적 욕구, 감각, 돈, 습득, 자긍심
제3 하우스	소통, 여행, 교육(학교, 스승), 이웃, 형제, 환경
제4 하우스	집, 기반, 사생활, 가족과 뿌리(특히나 어머니), 아이, 돌봄
제5 하우스	즐거움, 놀이, 오락, 드라마, 창의성, 특색, 연애, 생식력, 자기표현
제6 하우스	신체단련, 건강, 일과, 의무, 조직, 직업, 다른 사람에 대한 봉사, 애완동물
제7 하우스	의미 있는 사람(결혼이나 사업상대, 고객, 적), 계약, 외교, 동의
제8 하우스	탄생, 죽음, 부활, 섹스, 변신, 신비, 부동산, 유산, 투자(다른 사람들의 돈과 관련된 것들)
제9 하우스	장거리 여행, 외국어, 영감, 고등교육, 법, 종교, 철학, 윤리
제10 하우스	사회와 정부, 경계, 권한, 아버지, 악명, 장점, 야망, 커리어, 성과
제11 하우스	친구, 단체, 사회공동체, 사회적 정의, 자선, 선물, 후원자, 희망, 꿈
제12 하우스	결말, 노년, 사후세계, 사생활, 호젓함, 도피, 직관, 비밀

하우스는 천궁도에 또 다른 미묘한 차이를 입힌다. 내 목성은 제3 하우스에서 물병자리에 있다. 목성의 확장성과 행운, 긍정성은 소통과 여행에서 가장 존재감을 드러낸다. 아마도 그렇기 때문에 내 글은 꽤 잘나가고(목성), 내가 '별난(물고기자리)' 주제를 가지고 글을 쓰는(제3 하우스) 것일 수 있다. 이렇듯 천궁도의 독특한 특성은 별자리와 행성, 하우스라는 세 가지 요소를 한꺼번에 해석하는 데에서 나온다(하우스 계산은 이 책 말미에 '더 알고 싶다면' 241페이지에 실린 모든 어플이나 웹사이트를 통해 할 수 있다).

원소와 특성

지금까지 우리는 별자리와 행성, 하우스를 살펴봤고, 이를 통해 총 34가지의 다양한 정보를 산출해낼 수 있었다. 잠시 이 부분을 단순화해보자. 각 별자리는 네 가지 원소인 흙, 공기, 불, 물 가운데 하나다. 원소에 따른 별자리는 다음과 같이 서로 상당한 공통점을 지닌다.

◆ **흙**은 실용적이고, 육체적이며, 가정적이고, 느긋하며, 관습적이다.
 → 별자리: 황소자리, 처녀자리, 염소자리

◆ **공기**는 생각과 영감, 시작, 언어, 움직임, 상상력이다.
 → 별자리: 쌍둥이자리, 천칭자리, 물병자리

◆ **불**은 충동적이고 열정적이며 공격적이고 에너지 넘치면서 강렬하다.

⟶ 별자리: 양자리, 사자자리, 궁수자리

♦ **물**은 감정적이고 유동적이며 직관적이고 몽상적이다.

⟶ 별자리: 게자리, 전갈자리, 물고기자리

각 별자리에 대한 설명을 찾아보면 이 원소들이 어떻게 긴밀하게 연결되어 있는지를 알 수 있다. 황소자리는 실용적이고 처녀자리는 세심하며 염소자리는 조심스럽다. 모두 흙의 특징이다. 사람들은 가끔 동일한 원소를 가진 다른 사람들과 자연스럽게 사이좋게 지낼 수 있음을 깨닫는다.

또한 별자리들은 세 가지 '양상' 중 한 가지를 지닌다.

♦ **활동적**인 별자리는 일으킨다. 에너지를 이끌고 가져온다.

⟶ 별자리: 양자리, 게자리, 천칭자리, 염소자리

♦ **고정적**인 별자리는 버틴다. 굳히고 세운다.

⟶ 별자리: 황소자리, 사자자리, 전갈자리, 물병자리

♦ **가변적**인 별자리는 전이한다. 수용적이고 변하고 움직이면서 파괴할 수 있다.

⟶ 별자리: 쌍둥이자리, 처녀자리, 궁수자리, 물고기자리

보다시피 각 별자리는 원소와 양상의 독특한 결합체다.

점성술 입문하기

점성술은 이론을 읽고 연구하며 시험해보기 좋아하는 사람들에게 딱 맞는 과학이다. 시작하기 전에 다음과 같은 몇 가지 준비물이 필요하다.

입문서 캐롤 테일러의 『점성술(Astrology)』 또는 드미트라 테일라와 더글라스 블로치의 『스스로 점성술(Astrology for Yourself)』

천궁도를 그리고 다른 정보를 찾아보기 위한 소프트웨어 나는 웹사이트 Astro.com과 어플 'TimePassage'를 좋아한다.

정확한 생시와 태어난 장소 이 정보를 모른다면 자세한 정보가 나와 있는 장문의 출생증명서를 구하면 된다.* 상승점은 매 2시간마다 변하며, 전체 천궁도는 상승점의 위치에 따라 달라진다.

다이어리 예컨대 매년 출간되는 『르웰린의 일간 행성 가이드(Llewellyn's Daily Planetary Guide)』 등이다. 책에서 배운 내용과 실제 경험을 비교하기 위해 매일 벌어지는 주요한 사건들을 기록해두는 습관을 들이자. 내 딸은 점성술을 배우는 과정에서 가끔 이렇게 물었다. "엄마, 1996년 6월에는 무슨 일이 있었죠?" 딸은 자신의 공부에 따르면 중요한 의미를 가져야 하는 날짜들과 경험적인 증거들을 비교해본다. 친구들과 생시를 공유하고 이런 식으로 질문하며 함께 공부해볼 수 있다.

* 한국의 경우 2008년 1월 1일 이전 출생자는 본적의 관할 가정법원, 이후 출생자는 출산신고지를 관할하는 가정법원이나 지방법원에서 출생신고서류를 확인할 수 있다. 단, 출생신고서류의 보관기한은 27년이다.

행성, 원소, 양상

천궁도에서 우리는 각 하우스에 있는 행성들을 가리키는 기호들을 볼 수 있고, 그 기호들 사이에 여러 개의 선이 있다(곧 만들어볼 것이다). 한 번에 이해하기에는 어려울 수 있지만, 행성의 분포를 보고 천궁도의 감을 익히는 것이 도움이 될 것이다.

준비물

펜이나 연필

메모장

천궁도 생성도구(241페이지 참고)

순서

1. 태어난 날짜와 시간, 장소를 천궁도 생성도구에 입력해서 출생 천궁도를 만든다. 언제 태어났는지 모른다면 정오(미국에서 가장 흔한 출생 시간이다)로 입력하면 된다. 하지만 정확성을 위해서는 가능하다면 이 정보를 찾아내도록 하자.
2. 각 행성이 별자리에 도달하는 것에 관심을 기울이자. 표에 행성과 별자리를 기록하자. 예를 들어, 다음과 같다.

행성	별자리
태양	염소자리
달	게자리
수성	염소자리
금성	물병자리
화성	궁수자리

행성	별자리
목성	게자리
토성	염소자리
천왕성	염소자리
해왕성	염소자리
명왕성	전갈자리
상승점	전갈자리

3. 열을 두 개 더 추가해서, 하나는 원소, 다른 하나는 양상을 채운다 (90~91페이지 참고). 예를 들어, 다음과 같이 표를 채운다.

행성	별자리	원소	양상
태양	염소자리	흙	활동적
달	게자리	물	활동적
수성	염소자리	흙	활동적
금성	물병자리	공기	고정적
화성	궁수자리	불	가변적
목성	게자리	물	활동적
토성	염소자리	흙	활동적
천왕성	염소자리	흙	활동적

행성	별자리	원소	양상
해왕성	염소자리	흙	활동적
명왕성	전갈자리	물	고정적
상승점	전갈자리	물	고정적

4. 세 번째 순서에 작성한 표에서 원소와 양상을 세어보고 다음과 같이 분포도를 그린다.

흙	5
공기	1
불	1
물	4

활동적	7
고정적	3
가변적	1

5. 이제 천궁도를 읽는 것은 여러분의 몫. 이 정보만으로 이 사람에 관해 무엇을 알 수 있을까? 어느 원소 또는 양상에서 두드러지는 부분이 이 사람의 강점과 약점을 어떻게 설명해주는가? 부족한 부분을 읽는 것도 잊지 말자! 가끔 어느 한 요소나 양상을 가지고 있지 않은 사람도 있다. 이는 무슨 의미인가? 이 예시에 등장하는 사람은 흙을 가졌고 매우 활동적이다. 이것은 무슨 의미인가? 공부를 더해가면서 곰곰이 생각해봐야 할 질문들이다.

모서리로 만들어지는 애스펙트

행성과 행성 사이의 관계는 조화와 긴장을 만들어내고, 그로부터 우리는 사건에 미치는 영향을 보기 시작한다. 천궁도 상에서 어떤 행성 두 개가 각도를 형성할 때 이 각도의 일부를 '애스펙트Aspect'라고 한다. 프톨레마이오스는 원이 나누어지는 방식이 음악에서 옥타브를 분할하는 것에 해당된다고 설명했다. 따라서 조화와 부조화는 단순히 은유가 아닌 행성의 '음악'을 나타낸다.

다음은 주요한 애스펙트들이다.

애스펙트	기호	각도/위치	설명
회합	☌	0도(같은 궁에 있음)	합체. 이 행성들은 혼합되는 에너지를 가진다. 두 행성이 조화를 이룰 수도 있고 사각지대가 될 수도 있다.
대립각	☍	180도(서로의 정반대편에 있음)	부조화. 가끔은 긍정적인 결과물을 향해 긴장이 형성된다. 이 두 행성은 서로를 밀어내고 동기를 부여한다.
직각	□	90도(직각, 세 개의 궁만큼 떨어져 있음)	부조화. 가로막힘. 이 두 행성은 서로의 뜻이 엇갈리며, 상대의 에너지를 가로막는 경향이 있다.
삼각	△	120도(네 개의 궁만큼 떨어져 있음)	조화로움. 행성은 함께 작동하면서 서로를 풍요롭게 한다. 삼각은 타고난 재능과 평온을 보여준다.
육각	⚹	60도(두 개의 궁만큼 떨어져 있음)	조화로움. 좀 더 두드러진 재능을 보여주는 경향이 있다. 에너지의 방향을 조정할 수 있다.

천궁도를 살펴볼 때 그 위에 그려진 선은 애스펙트를 보여준다. 가끔 천궁도에서는 다른 색깔로 조화와 부조화를 보여주기도 한다. 또한 상승점과 중천(천궁도에서 가장 높은 지점)의 애스펙트도 보여준다.

앞서 나는 내 태양이 황소자리에 있지만, 목성은 물병자리에 있다고 언급했다. 이 행성들은 '직각'을 이룬다. 내 관대함(목성)은 내가 누구인가 하는 자아정체감(태양) 때문에 곁으로 밀려날 수 있다. 그러면 내 인생의 과업 가운데 하나는, 어떻게 해야 목성이 나를 도울 수 있는지를 알아내는 것이라고 볼 수도 있다. 반면에 태양이 수성과 결합하고, 두 행성이 달과 삼각을 이룰 때, 나는 쉽게 내 감정을 자아의 일부로 받아들일 수 있으며 소통이 자연스럽다.

천궁도의 전체적인 흐름을 읽어야 한다. 직각과 대립각이 많거나, 또는 삼각과 육각이 많을 때 이는 각각 힘겨운 인생과 수월한 인생을 가리킨다. 애스펙트를 읽는 법을 더 알고 싶다면 온라인 지침서에 등장하는 '애스펙트로부터 통찰력 얻기' 연습을 확인해보자.

점성술의 유형

앞서 언급했듯 서양의 점성술은 현재 현대파와 전통파로 갈라졌으며, 각자 겹치는 부분도 여럿 있다. 인도에 뿌리를 둔 조티샤 점성술은 서양 점성술과 차이점도 많지만, 중첩되는 부분도 상당히 많다. 그리고 중국 점성술은 완전히 다른 종이다. 한번 자세히 들어가보자.

현대 서양 점성술

현대 점성술과 전통 점성술은 몇 가지 기술적인 차이가 있지만, 그중 일부는 쉽게 이해할 수 있다. 현대 점성술은 사람의 성격과 감정, 행동, 그리고 인간관계에 좀 더 초점을 맞춘다. 그리고 외행성(천왕성, 해왕성, 명왕성)과 함께 소행성처럼 상당히 새롭게 개발된 개념들을 현장에서 사용한다. 현대 점성술의 목표는 영혼을 진단하는 것이라고 보며, 자유의지가 별에서 보이는 운명을 거스르도록 하는 낙관주의적인 경향이 짙다. 현대 점성술에는 몇 가지 특화된 학파가 있다.

진화 점성술 또는 카르마 점성술은 명왕성을 매우 강조한다. 한 일생에서 다른 일생까지 영혼의 여정을 추적하는 데에 쓰인다.

우라니안 점성술은 알프레드 위트가 개발했는데, 완전히 다른 방식으로 만들어진 점성술이다. 우라니안Uranian 점성술은 다른 식의 계산을 활용하며 특히나 예지에 있어서 더 높은 정확성을 목표로 한다.

심리 점성술은 현대 점성술의 주요 분파로, 20세기에 가장 위대한 혁신이다. 이 분야는 칼 융의 이론에서 깊은 영향을 받았다. 정신의학과 정신분석의 선구자이자 지그문트 프로이드와 동시대인인 융은 오컬트에 매력을 느꼈고, 따라서 점성술뿐 아니라 연금술과 타로도 탐구했다. 심지어 12궁도를 분석의 일부로 삼기도 했다. 심리 점성술은 점성술의 목표를 인간이 자기 자신을 더욱 깊숙이 이해할 수 있게 하는 것이라

소개합니다

이밴절린 애덤스

이밴절린 애덤스(Evangeline Adams, 1868~1932)는 영국 황태자와 J.P.모건을 포함해 상류층 의뢰인들을 거느린 유명한 점성술사다. 애덤스는 뉴욕에서 점성술을 행했다는 이유로 세 차례나 체포되었다(당시에는 점성술이 불법이었다). 1914년 판사는 애덤스에게 익명의 천궁도를 읽어보라고 내주었는데, 애덤스는 판사의 아들에 대해 세세한 부분까지 정확하게 설명해냈다. 그러자 판사는 애덤스를 풀어주며 이렇게 말했다. "애덤스는 점성술의 품격을 정밀과학의 수준까지 끌어올렸다."

오컬티스트 알레이스터 크로울리(200페이지 참고)는 애덤스를 위해 대신 글을 써주었고, 애덤스 역시 크로울리의 저서 『점성술의 일반원칙(The General Principles of Astrology)』을 최소한의 '기여' 수준에서 대필했다. 애덤스는 엄청난 연하남과 결혼했고, 아마도 크로울리와 불륜을 저지른 것으로 보이며, 여배우 엠마 비올라 쉐리단 프라이와 평생 '반려자'로 지냈다.

고 본다. 근본적으로 여러분의 12궁도는 여러분의 영혼과 기회, 그리고 도전을 반영한다.

전통 서양 점성술

전통의 부활은 21세기 점성술에서 가장 중요한 추세다. 이는 한 사람의 운명과 외부적인 사건을 더 중요하게 여기며, 점성술을 좀 더 구조화된 방식으로 활용한다. 또한 좀 더 복잡하고 구체적인 예지의 기술을 가지고 있다.

전통 점성술의 학파들은 복원된 서류가 처음 만들어진 시대와 장소에서 이름을 따온다. 예를 들어, 헬레니즘과 르네상스, 중세 등이다. 그러나 이 학파들은 현대 점성술과의 공통점보다는 서로 공유하는 공통점이 훨씬 더 많다. 사실, 현대 점성술의 학파들이 서로 공유하는 공통점보다도 더 많다. 다음을 한번 살펴보자.

헬레니즘 점성술은 가장 인기 있는 전통 점성술이다. 다른 모든 전통 점성술과 마찬가지로 눈으로 볼 수 있는 일곱 개의 행성만 이용한다. 오늘날 우리가 아는 점성술이 생겨난 것은 헬레니즘 시대다. 이 시기에 이집트의 하우스 체계와 메소포타미아의 황도 12궁이 결합했다. 12궁과 행성, 하우스, 애스펙트로 이루어진 '4중 체계'가 탄생했고, 오늘날까지도 사용된다. 헬레니즘 점성술은 과거에 사라졌던 기술들을 사용하는데, 여기에는 낮의 천궁도와 밤의 천궁도를 구분하는 '섹트Sect'와, 한 사람의 인생에서 벌어지는 사건을 정확히 예지할 수 있게 해주는 '타임로드Time Lord' 등이 있다.

르네상스와 중세 점성술은 아그리파(129페이지 참고)와 같은 학자들의 마도서를 사용한다. 다만, 르네상스 점성술과 중세 점성술의 차이는 주로 인용되는 작가들에 있다(르네상스 점성술은 특히 윌리엄 릴리에게 의존한다. 105페이지 참고). 두 점성술 모두 점성마법을 걸며 전통의 일부로서 점성술 부적을 만든다.

중국 점성술

중국 점성술(生肖, "닮게 태어남"이라는 의미)에는 1년 주기가 아닌 12년 주기로 반복되는 십이지신 동물이 있다. 각 해에는 중국식 원소들도 있는데, 서양의 체계와는 달리 중국의 원소는 쇠, 물, 나무, 불, 흙으로 다섯 가지다. 따라서 실제로는 원소와 동물의 고유한 조합이 각자 반복되어 60년 주기를 이룬다. 다시 말해, 2010년에 태어난 사람은 쇠와 호랑이가 만난 경인(庚寅)년 생이고, 1974년에 태어난 사람은 나무와 호랑이가 만난 갑인(甲寅)년 생이다. 태어난 연도에 따라 중국식 동물과 원소를 찾아보고 싶다면 241페이지에 실린 웹사이트 몇 곳을 참고하자.

서양 사람들 대부분은 한 해를 대표하는 동물이 있는, 음력 기반의 중국 점성술에 익숙하지만, 풍수 점성술에서는 시간과 날, 그리고 달도 점성술적으로 계산한다.

조티샤 점성술

조티샤(산스크리트어로 '빛의 과학'이라는 의미)는 인도에서 온 종파로, 스승의 계보를 중시한다. 조티샤는 항성 황도대를 사용한다(82페이지 참고). 조티쉬나 힌두 점성술, 또는 베딕 점성술로도 불리는데, 여러분의 별자리가 태양궁이 아니라 상승점이 된다고 여긴다. 조티샤는 결코 억압을 당한 시기를 보낸 적이 없으며, 인도에서 대대적으로 인정받았다. 예를 들어, 인도에서는 중매할 때 여전히 잠재적인 연인들의 궁합을 매우 중시한다.

점성술의 활용법

별점은 다양한 방식으로 사용할 수 있는데, 두 가지 천궁도가 서로 상호작용하고, 또 천궁도는 현재의 순간과 상호작용할 수 있기 때문이다. '운행' 또는 하늘(그리고 천궁도)에서 행성이 움직이는 것을 통해 현재와 미래를 예측할 수 있다. 두 가지 천궁도가 함께 읽힌다면 둘은 한 가지 천궁도에서나 마찬가지로 애스펙트들이 존재할 것이며, 그 관계에 대한 통찰력을 줄 것이다. 다음 부분에 개략적으로 설명한 일반적인 관행에 더해, 의학 점성술, 주술과 부적 점성술, 흉점, 그리고 그 외에도 저마다 구체적이고 실용적인 목표가 있는 점성술들이 존재한다.

예측 점성술

가장 친숙한 형태의 점성술은 아마도 신문에서 접할 수 있을 것이다. 바로 하루의 운세를 예측해주는 것이다. 예측 점성술은 중요한 운행과 12궁도 사이의 상호작용을 들여다본다. 오직 (신문에서처럼) 태양궁만 사용하면 한정된 정보만 알 수 있지만, 점성술 웹사이트에서 오늘의 별의 운행을 보면 내 화성이 며칠 동안 육각을 이루면서 내게 활기와 건강, 에너지를 가져다준다는 것을 알 수 있다. 오늘의 운세를 예측하든 올해의 운세를 예측하든 간에, 아마도 대중들은 이 유형의 점성술을 가장 많이 찾을 것이다.

택일 점성술

거의 모든 점성술사들은 중요한 행사를 할 최고의 시기를 정하기 위해 택일 점성술을 사용한다. 결혼하는 날이나 계약서에 서명하는 날, 창업하는 날 등 최고의 미래를 위해 순간을 선택할 수 있다. 어떤 경우 수술을 받기에 가장 좋은 날을 선택하는 것처럼 가장 상서로운 별의 운행을 고르기도 하고, 또 어떤 경우에는 이상적인 출산일과 시간을 고를 수도 있다. 결혼이나 새로운 사업은 그 '탄생일'로부터 계산한 그 자신의 천궁도를 가지게 된다.

호라리 점성술

호라리Horary 점성술은 전통 점성술에서 나온 매우 특화된 방식으로, 천궁도를 해석해 특정한 질문에 대답하는 것이다. 질문을 던진 정확한 시간과 하우스에 대한 고도로 구조화된 해석들을 더해서, 잃어버린 물건의 위치처럼 꽤나 실질적이고 일상적인 질문들을 포함해 사실상 아무 질문에나 답을 찾을 수 있다.

궁합 점성술

궁합 점성술은 관계를 보는 점성술이다. 두 개의 천궁도를 겹쳐서 연애든 사업이나 다른 무엇이든 간에 관계의 적합성과 잠재적인 성공을 판단하는 데에 쓴다. 각각의 금성이 상대편의 행성들과 관련해 어떤 위치에 있는지가 특히나 중요하다. 상당히 복잡한 점성술로, 특별한 방식으로 천궁도를 그리게 된다.

소개합니다

윌리엄 릴리

윌리엄 릴리(William Lilly, 1602~1681)는 영국에서 가장 중요한 점성술사로 꼽힌다. 『기독교 점성술(Christian Astrology)』의 저자로, 이 묵직한 서적은 이 주제와 관련해 (관습적인 라틴어 대신) 영어로 쓰인 최초의 책이며, 전통 점성술의 고전이자 가장 중요한 호라리 점성술 책으로 꼽힌다. 현재까지 절판되지 않고 계속 출간되고 있다.

농부의 아들인 릴리는 부유한 미망인과 결혼해 한갓진 삶을 점성술을 심층 연구하는 데에 썼다. 말년에 자서전 『윌리엄 릴리의 삶과 시대의 역사(William Lilly's History of His Life and Times)』를 썼는데, 이 책에는 유명 마법사인 존 디와 에드워드 켈리의 실제 초상화가 실려 있다.

지리 점성술

아스트로카토그래피Astrocatography 또는 위치나 이주 점성술로도 알려져 있는 이 종파는, 어떤 장소가 공명이나 행운을 주거나 부조화를 이루는지 알기 위해서 지도 위에 분명한 도표선을 겹쳐본다. 출생한 장소를 중심점으로 삼아, 이 전문지식을 훈련받은 점성술사가 개인맞춤형 지도를 만들고 해석해준다.

오컬트에서의 점성술

헤르메스 트리스메기스투스는 점성술을 '지혜의 세 가지 부분' 가운데 하나라고 불렀다. 그 자신도 점성술사였던 트리스메기스투스는 '위에 있는 것은 아래에 있는 것과 같기 때문에' 별들은 인간의 삶에 반영된다는 것을 알았다. 나머지 지혜의 두 부분은 연금술과 주술이다. 다음과 같이 이 위대한 오컬트 기술은 서로 연결되어 있다.

- 『세 권의 오컬트 철학Three Books of Occult Philosophy』의 저자 하인리히 코르넬리우스 아그리파도 역시 점성술사였는데, 헤르메스 트리스메기스투스처럼 여전히 오컬티스트들의 연구 대상이다. 아그리파는 별을 연구하는 일이 오컬트 철학의 핵심임을 이해했다.
- 점성술은 네 가지 원소(90~91페이지 참고)를 이해하는 것에 달렸는데, 이 4대 원소는 서양의 오컬트 전체에 녹아 있다. 원소들은 제식 마법과 카발라, 타로, 연금술의 핵심이며, 위카의 일부이기도 하다.
- 또한 점성술은 행성 연구에 의존하는데, 이는 주술과 연금술에서

도 중대하게 다루어진다. 12궁의 순서와 하우스 번호는 수비학과 연결되어 있다. 오컬트의 각 측면은 더 큰 그림으로 연결된다.

우주의 점성술 지도와 그 요소에 대한 이해는 그야말로 오컬트에 스며 있다. 오컬티스트가 되기 위해 점성술사가 될 필요는 없지만(나는 분명 그렇지 않다), 그 원리를 반드시 이해해야만 한다. 흙의 별자리를 이해한다면 흙의 주술과 흙의 명상 등을 이해할 수 있다. 점성술은 여러분을 더 훌륭한 오컬티스트로 만들어준다. 그리고 오컬트는 여러분을 더 훌륭한 점성술사로 만들어줄 것이다.

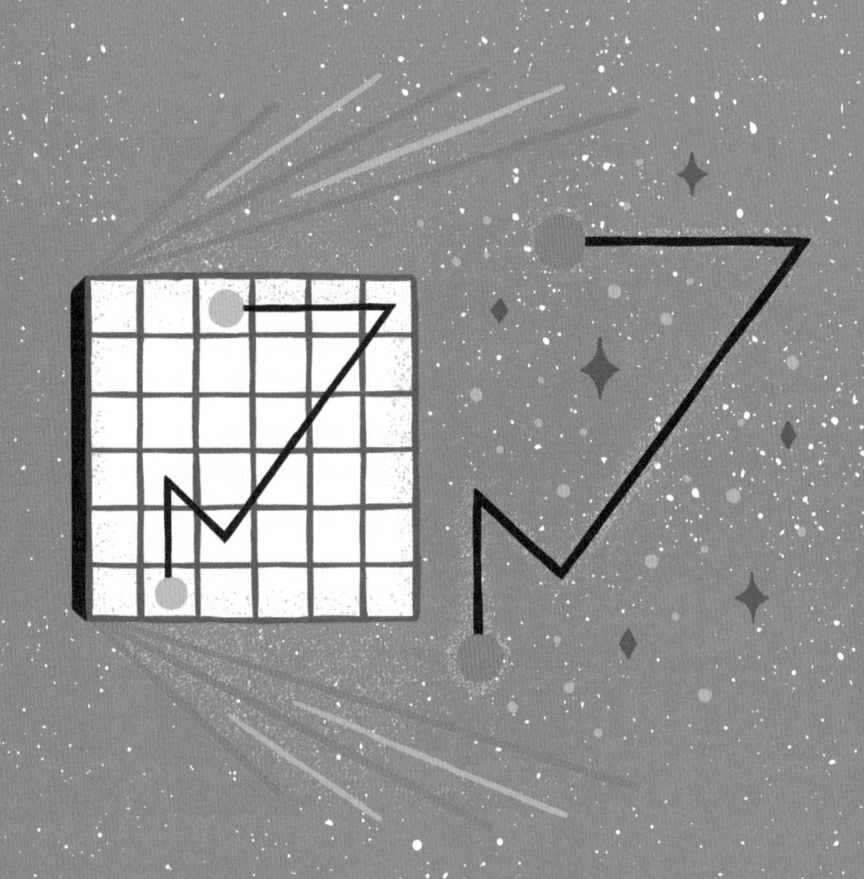

CHAPTER 4

수비학

숫자는 인간이 처음 상징적인 방식으로 생각한 이래로 사용되어 왔고, 숫자의 오컬트적인 의미를 연구하는 수비학은 우리가 처음 마법에 관해 생각한 이래로 활용되어 왔다. 기본적으로 수비학은 언제나 우리 주변에 있었다. 칼 융의 말을 인용하자면 "한 수학자는 언젠가 이렇게 말했다. 신이 창조한 숫자를 제외하고, 과학의 모든 것은 인간이 만들어냈다고 말이다."

많은 수비학 체계가 가끔은 서로 모순되고 부딪혀도 몇 가지 기본적인 진실은 공유한다. 대개의 경우 수비학적 제도는 서양의 현상으로, 그리스와 중동에서 발달하기 시작했다. 중국이나 일본 같은 다른 문화에서는 행운의 숫자와 불운의 숫자와 연관된 전통들이 있지만, 체계적인 해석이나 성격의 분석, 또는 숫자마법은 없다.

가장 오래된 수비학 체계는 칼데아 수비학이다. 다만, 이 수비학은 칼데아 문명(기원전 600년경)이 발생하기 전 메소포타미아에서 생겨난 것으로 보인다. 수비학은 원기왕성한 가치가 각 숫자에 있다고 생각하면서 글자와 숫자를 일치시킨다. 따라서 이름과 단어, 날짜는 모두 수비학적 의미를 가질 수 있다. 피타고라스 역시 그리스에서 기원전 600년경 자신의 이름을 딴 수비학 체계를 만들어냈다. 우리는 이 장에서 두 체계 모두 논해보려 한다.

초기 교회는 점성술과 다른 오컬트 형태와 함께 수비학을 금지했다. 그럼에도 기독교에는 '예수의 숫자'인 888이나 '악마의 숫자'인 666처럼 힘을 가진 숫자가 존재했다. 기독교 수비학의 일부 형태는 오늘날까지 살아남았으며, 특히나 동방정교회에서 그렇다.

유대교 역시 자체적인 수비학 체계를 갖추었다. 히브리어의 모든 글자는 숫자적 가치를 가졌으며, 따라서 모든 단어는 합산할 수 있다. 게마트리아는 성서의 모든 숨겨진 의미를 찾아내는 신비주의 기술로, 총합이 같은 단어들을 서로 연결 짓는 것이다. 유명한 사례가 창세기에 등장한다. 아브라함은 군대를 물리치기 위해서는 318명의 용사가 필요하다는 이야기를 듣는다. 그러나 아브라함을 섬기는 종의 이름인 엘리에셀은 318과 같아서, 엘리에셀이 혼자 아브라함을 도울 수 있음을 암시했다.

게마트리아를 최초로 이용한 사례로 유명한 것은 기원전 700년 정도에 만들어진 무덤이다. 랍비들이 사용한 것은 서기 약 200년부터다. 게마트리아는 카발라에서 필수적이며(이는 제6장에서 자세히 알아볼 것이다), 가장 오래된 유대교 신비서인 『세페르 예치라Sefer Yetzirah』는 우주창조에 있어서 각 글자/숫자의 의미를 자세히 풀어내고 있다.

르네상스 시대에 완전히 새로운 숫자마법이 탄생했다. 그 시기는 적어도 1440년까지 거슬러 올라가지만, 가장 잘 알려진 내용은 1531년 첫 출간된 아그리파의 『세 권의 오컬트 철학』에 등장한다. 이것이 바로 '행성의 마방진'으로, 제식마법사들은 여전히 이 사각형들을 사용한다.

비슷한 시기에 또 다른 중요한 수비학 서적은 토머스 브라운 경이 쓴 『키로스의 정원, 혹은 다섯 눈 무늬 마름모The Garden of Cyrus, or The Quincuncial Lozenge』다. 이 책은 전적으로 숫자 5와 '다섯 눈 무늬'에만 초점을 맞춘다. 다섯 눈 무늬는 다섯 개의 점으로 이루어져 있는데, 주사위에서처럼 점 네 개는 사각형을 이루고 나머지 점 하나는 가운데에 놓인 무늬다. 브라운은 다섯 눈 무늬가 예술과 자연 간의 신비로운 연결을 보여준다고 믿었다.

20세기 칼 융은 숫자의 신비주의적 특성에 매혹되었다. 융은 수학을 싫어한다고 주장하면서도 숫자 자체는 신성과 맞닿아 있다고 느꼈다. 융의 연구는 오늘날 수비학의 인기에 기여했다.

오늘날 피타고라스식과 칼데아식은 가장 널리 사용되는 수비학 체계다. 일부 오컬티스트들은 수비학을 쓰면서도 뉴에이지 운동의 영역에 주로 활동하고 있기도 하다. 변명하자면, '뉴에이지'를 정의 내리기는 어려우며 오컬트로부터 경계선을 긋는 것 역시 언제나 명확하지는 않다. 뉴에이지는 동양체계와 서양체계 간의 결합에 가깝고, 좀 더 전체론적이고 웰니스를 지향하며, 새로이 등장한 비밀스러운 제도를 이해하는 데에 주로 의존한다. 또한 뉴에이지는 확실히 '더 가벼운' 분야로, 무시무시해 보이는 것들은 멀리하고, 실제 마법 역시 거의 완전히 피하려 한다.

뉴에이지 운동은 오컬티스트들보다 훨씬 더 자주 수비학을 쓰지만, 그럼에도 불구하고 수비학은 오컬트 관행이다. 그러니 더 자세히 살펴보도록 하자.

수학은 마법이다

신비주의자이기도 한 수학자의 역사는 꽤나 길다. 피타고라스와 아이작 뉴턴은 이례적이지 않다. 수학은 모든 사물의 기저에 정형화된 양식이 있음을 보여준다. 자연과 우주에는 반복과 박자가 존재하며, 이 조화로운 감각은 왜 알버트 아인슈타인을 비롯해 그토록 많은 수학자들이 음악가이기도 했는지를 설명해준다.

수학은 또한 무한함과 닿아 있다. 예를 들어, 파이(π)는 원의 둘레와 지름 간의 비율로, 가장 흔하게는 '3.14'로 표현된다. 무한소수인 숫자들이 많다. 예를 들어, 1/3은 0.333으로, 완벽하게 3으로 나누어 떨어지지 않는다. 그러나 파이(π)는 일정한 규칙이 반복되지 않는 무한소수로, 기네스 세계기록에 따르면 지금까지 소수점 50조 번째 자리 이상까지 계산했다.

끝없이 이어지는 3이라는 숫자, 끝없이 이어지는 파이(π) 값 등 우리를 흥분시키는 상상, 그리고 모든 사람과 자연을 옭아매는 흘러간 과거 같은 것들을 고민해본 사람이라면 쉽게 신비주의에 빠질 수 있다. 근원

소개합니다

피타고라스

사모스의 피타고라스(Pythagoras of Samos, 기원전 570~495)는 그리스의 철학자로, 일반적인 수학과 철학뿐 아니라 플라톤과 아리스토텔레스, 그리고 서구의 오컬트에도 영향을 미쳤다. 피타고라스는 끊임없는 추측과 짐작의 대상인데, 자신이 쓴 글은 하나도 남아 있지 않고, 오직 피타고라스에 관해 쓴 기록들만 남아 있기 때문이다. 피타고라스는 자신의 철학을 바탕으로 이탈리아 남부에 학교를 세웠다. 이 학교의 입학생들은 채식주의자며 공동생활을 했다.

피타고라스는 '철학(philosophy, 지식에 대한 사랑이라는 뜻을 담고 있다)'이라는 말을 처음 만들었다고 한다. 아침에 뜨는 별과 저녁에 뜨는 별이 모두 금성임을 밝혀내고, 피타고라스의 정리를 비롯해 수학에 획기적인 발전을 가져왔으며 그 외에도 많은 일을 해냈다.

에 깔린 패턴과 마음을 미혹하는 개념을 모두 다루는 오컬트는 자연스레 숫자가 머물러야 할 곳이리라.

근원에 숨은 진실, 숫자

산수나 수열 외에도 숫자에 관해 우리 대부분이 이해할 수 있는 보편적인 진실들이 몇 가지 존재한다. 예를 들어, 우리는 하나가 단수이며 혼자이고 독립적임을 안다. 따라서 '지도자'같이 혼자인 사람을 떠올려볼 수 있다. 이 세상에는 많은 사람들이 있지만 지도자는 단 하나다. 하나는 '알파'다. 둘은 아마도 커플이나 관계, 그리고 연결을 떠올리게 만들 것이다.

이러한 설명들이 12궁도 가운데 첫 두 개의 별자리에 어떻게 들어맞는지 주목해보자. 첫 번째 별자리인 양자리는 지도자이고, 두 번째 별자리인 황소자리는 금성의 지배를 받으면서 관계에 깊이 연관되어 있다. 이는 우연이 아니다. 숫자는 근원에 숨은 진실을 반영하고, 그 의미는 오컬트 구석구석에서 떠오른다.

수비학의 전통들은 다양한 방식으로 숫자의 진실을 해석한다. 숫자가 높을수록 그 해석은 좀 더 다양해진다. 사람들은 대개 하나, 둘, 셋, 넷에 동의하게 될 것이다. 이는 우리 모두가 살면서 볼 수 있는 별개의 특성을 지닌 숫자들이다.

구성요소로서의 숫자

숫자를 해석하기 위해서 그 숫자는 뭔가의 일부가 되어야 한다. 이 장에서 다루는 수비학의 변주들은 글자를 숫자에 대응시키며, 따라서 숫자들은 이름과 기타 단어들을 구성하는 요소가 된다. 그러나 각 수비학 체계는 라틴어(영어)가 아닌 다른 문자에서 생겨났으며, 따라서 영어로 완벽하게 번역하기가 어렵다(피타고라스는 그리스인이고, 게마트리아는 히브리어이며, 아람어는 칼데아의 언어다).

이와 유사하게, 숫자는 날짜의 구성요소이지만, 여러 다양한 역법들이 존재한다. 예를 들어, 나는 5월에 태어났는데, 그레고리안 달력에서는 다섯 번째 달이지만 히브리 달력에서는 여섯 번째 달인 이야르Iyar에 태어난 셈이다.*

이런 모든 체계에 담긴 개념은 숫자가 어떤 태생적인 울림을 가졌기 때문에 그런 한계들을 뛰어넘을 수 있다는 것이다. 점성술은 여러분이 탄생하는 순간이 우연이 아니며 그 정확한 시간대에 별과 연결되어 있기 때문에 작동한다. 마찬가지로, 수비학에서는 여러분의 이름과 생년월일에 여러분과 이 숫자들을 연결시켜주는 공명이 담겨 있다고 이해한다.

구성요소로서 숫자를 이해하는 일은 우리가 숫자를 의식적으로 선택할 수 있음을 깨닫게 해준다. 즉, 숫자의 에너지를 의도적으로 뭔가에 새기는 것으로, 131~132페이지에서 자세히 살펴보자.

* 원문에는 '여섯 번째'로 되어 있지만, 원래 Iyar는 유대력의 8월이자 그레고리력으론 4~5월을 뜻하는 말이라 사실은 '여덟 번째'라고 해야 맞다. 작가가 착각해서 여섯 번째로 쓴 것 같다.

마법의 기하학과 측정

지금까지 우리는 숫자 자체로서의 숫자와, 글자나 단어, 날짜에 대응하는 숫자에 대해 이야기를 나누었다. 그러나 여기에는 숫자를 활용하는 가장 중요한 방법 하나가 빠져 있다. 바로 '측정'이다.

마법의 롯지라는 전통을 가진 프리메이슨은 석공의 기교에 영적이고 신비주의적인 의미를 부여한다. 이들의 상징인 컴퍼스와 직각자는 석공이 작업을 하면서 신중하게 측정하고 건설하는 것을 의미하며, 프리메이슨의 가치인 '똑바름'과 '진실함'을 암시한다.

중세유럽의 교회들은 특별한 기하학적 원칙에 맞추어 세워졌다. 이는 단순히 건축의 원칙이 아니라 영적이고 마법적인 원칙이며, 공명을 일으키는 수학적인 연관성을 가졌을 것으로 보인다. 중세의 바실리카를 방문하는 자는 누구든 교회 안의 특정 위치에 서 있으면 마법적인 '뭔가'를 느낄 수 있다. 기하학은 힘의 결합을 만들어내며, 이 공명은 한때 프리메이슨이 행하는 가장 심오한 마법적 가르침 중 일부다.

그 외에도 마법의 측정은 마법에 쓰는 도구와 구조에도 적용된다. 일부 제식마법과 위카의 트래디션에서는 정확하게 측정하기 위해 특정한 도구가 필요하다. 따라서, 예를 들어 어느 한 위카 트래디션에서는 마법지팡이가 나무를 깎아낸 조각이라 한다면, 다른 트래디션에서는 그 마법지팡이의 정확한 길이를 지정할 수도 있는 것이다. 마법의 원의 둘레나 펜타클, 또는 다른 도구에 있어서도 마찬가지다. 다시 말하자면, 측정

자체가 그 도구를 사용하는 의식의 일부가 되는 공명이나 힘을 만들어 낸다는 것이다.

수비학의 다양성

'수비학'은 단순히 숫자에 마법적·영적·상징적인 특성이나 기타 오컬트적인 특성이 있다는 의미다. 여러 다른 문화에서는 숫자를 둘러싸고 엄청나게 다양한 관습과 의식이 존재한다. 예를 들어, 미국 원주민의 선댄스Sun Dance 의식 대부분은 숫자 4를 강조하는데, 이는 세속적인 세계를 대표한다. 의식용 티피천막에는 네 개의 기둥이 있고, 의식의 지속과 반복은 4의 배수로 이루어진다. 중국에서 4는 매우 불운한 숫자로, 미국에서의 13과 같은 취급을 받으며 마찬가지 이유로 4층이 없는 건물들도 꽤 있다.

그런 숫자마법은 의미 있는 숫자를 반복하거나 중요한 행사의 날짜를 선택할 때, 건물을 세우고 물품을 만들며, 이름의 글자 수를 정하는 등의 경우에 볼 수 있다. 수비학은 숫자와 글자를 일치시키는 행위를 포함할 수 있기 때문에, 숫자뿐 아니라 글자도 중시 여긴다. 혹여 수비학은 주술적 목적을 위해 수학이나 측정을 사용하는 것이라 말할 수도 있다. 마지막으로, 수비학은 단어(특히 이름)와 날짜에서 의미를 찾아내는 대응 체계가 될 수도 있다. 이는 가장 보기 드문 종류의 수비학임에도 불구하고, 대부분 사람들의 머릿속에서 그렇게 자리하고 있다. 이 잡다한 내용들을 더 자세히 살펴보자.

칼데아 수비학

칼데아 수비학은 오늘날에도 여전히 사용되는데, 서양에서도 어느 정도 쓰이지만 주로 인도 수비학자들이 사용한다. 이 체계는 숫자 1부터 8까지를 알파벳 글자에 대응시킨다. 글자의 소리(또는 '파동')를 바탕으로 대응하며, 숫자 9는 신성한 숫자이며 무한함과 관련 있기 때문에 글자 대응에서 쓰이지 않는다. 칼데아 수비학은 예지적인 점술체계로, 인생의 경로와 운명을 보여준다.

한자리 수에 대한 대응은 옆 페이지에서 볼 수 있는데, 이 표는 일반적이긴 하지만, 절대적이지는 않다. 여러 출처에 따라 엄청나게 다양한 해석이 존재한다. 이 체계를 심층적으로 연구해보고 싶다면, '합성수'라고 부르는 두 자리 숫자의 의미가 궁금해질 수도 있다. 241페이지를 참고하자.

칼데아 수비학에서 이름을 해석할 때 여러분이 일상생활에서 사용하는 이름이 여러분의 '파동'이 된다. 예를 들어, 이름이 '로버트Robert'인 사람을 다른 사람들이 '밥Bob'이라고 부른다면 우리는 '밥'이라는 이름을 해석해야 한다.

숫자	글자	행성	의미
1	A, Q, Y, I, J	태양	자유, 독립, 야망, 쾌락주의, 리더십, 자기의존
2	B, R, K	달	융통성, 약함, 우울감, 창의성, 공감
3	G, C, L, S	목성	확장, 성장, 지식, 전략
4	D, M, T	천왕성	독창적인, 과학, 반권위적, 혁명적, 규율
5	E, H, N, X	수성	소통, 사교적, 움직임, 친구, 사업, 여행
6	U, V, W	금성	수용적인, 안락함, 매력적인, 완고한
7	O, Z	해왕성	두 그림자, 통찰력, 직관, 지적인, 호기심 있는
8	F, P	토성	운명 수, 결정, 야망, 돈, 냉소적인, 실용적인
9		화성과 명왕성	신성

피타고라스 수비학

피타고라스 수비학은 가장 널리 사용되는 체계로, 특히나 서양에서 삶을 예언하고 읽기 위해 사용한다. 피타고라스 수비학에서는 각 글자를 숫자 1부터 9까지 대응시키는데, 태어날 때 받은 정식 이름을 사용한다. 피타고라스는 음악적 소리와 숫자 사이에 관계가 있다고 보았고, 숫자에서 '파동'을 찾아냈다(칼데아 체계와 비슷하다). 그러나 글자의 대응은 글자가 만들어내는 소리를 바탕으로 하는 것이 아니라, 글자의 순서대로 알파벳에 따라 바뀐다.

소개합니다

카이로

"카이로(Cheiro, 1866~1936)"는 원래 윌리엄 존 워너로 태어나 루이스 하몬 백작으로도 알려져 있다. 칼데아 수비학에서 가장 영향력 있는 작품으로 꼽히는 『카이로의 숫자의 책(Cheiro's Book of Numbers)』의 저자이며, 수비학자일 뿐 아니라 점성술사이자 손금 보는 사람, 그리고 소설가다. 카이로는 손금보기로 가장 큰 명성을 얻었다.

카이로는 아일랜드 더블린에서 태어나 인도에 살면서 수비학을 배웠다. 다만, 이 이야기에 의구심을 품고 있는 사람들도 있다. 카이로는 유럽과 미국 전역을 여행하면서 마크 트웨인과 토머스 에디슨, 그로버 클리블랜드 대통령 등 유명인들의 손금을 보았다.

피타고라스 수비학은 또한 '마스터 수'를 사용하는데, 11, 22, 33 같은 수를 말한다. 마스터 수는 이 체계에서 쓰는 주요한 두자리 숫자로, 118페이지에서 설명되어 있다. 또한 옆 페이지에 실린 표는 피타고라스식 대응을 보여준다.

숫자	글자	행성	의미
1	A, J, S	태양	리더십, 시작, 힘, 독립, 용기, 자기만족, 자부심, 야망, 우월한, 이기적인
2	B, K, T	달	동료애, 외교, 점잖은, 매력적인, 지지하는, 인간관계, 협동, 소심한
3	C, L, U	금성	긍정주의, 창의적인, 사교적인, 자발적인, 상상력이 풍부한, 게으른, 소통가, 예술적인
4	D, M, V	토성, 천왕성	실용적인, 단호한, 개발하는 사람, 행동가, 전통적인, 안정, 실질적인, 건강이 좋지 않은
5	E, N, W	수성	진보, 자유, 모험, 관능적인, 호기심 있는, 기지 넘치는, 꾸물거리는, 목적이 없는
6	F, O, X	목성	봉사, 가정적인, 배려 있는, 선생님, 믿을 수 있는, 이타적인, 초조한
7	G, P, Y	해왕성	투자가, 외톨이, 괴짜인, 분석, 내적 탐구, 엄격한, 영성
8	H, Q, Z	토성	힘, 통제, 강점, 문제해결, 돈, 주최자, 심판, 참을성 없는, 허영심
9	I, R	화성	우주, 박학다식, 선생님, 인도주의자, 치유자, 오래된 영혼, 오컬트, 관대한, 기분변화가 심한
11		해왕성	직관, 영감, 예언력, 초조한, 비현실적인
22		천왕성	물질주의, 영적 지배, 흑마술
33			영적인, 인도가 필요한, 정직, 변화

수비학자의 도구

수비학을 활용하기 위해서는 오직 두 가지만 준비하면 된다. **글자-숫자 대응표**와 **산술적 환원에 대한 이해**다(세 번째 도구로 계산기도 나쁘지 않다).

나는 칼데아식 표(119페이지)와 피타고라스식 표(121페이지)를 이 책에 실었다. 두 체계에는 차이가 있으며, (수비학뿐 아니라) 그 어떤 체계로 작업하든지 간에 그 체계를 잘 숙지해야 한다. 즉, 마음속 깊숙이 여러분의 일부가 되어야 한다는 의미다. 어느 쪽이 마음에 드는지 결정하기 위해 각 체계를 충분히 실험해보고, 정확히 한 가지 체계를 고수해야 한다(라틴어 문자를 가지고 히브리 수비학을 사용해서는 안 된다. 게마트리아는 히브리 문자 자체의 신성함에 묶여 있기 때문이다).

산술적 환원은 사례를 들어 이해하는 것이 가장 쉽다. 따라서 내 이름 드보라(Deborah)로 시작해보자. 피타고라스 수비학에서 D=4, E=5, B=2, O=6, R=9, A=1, H=8이다. 따라서 이 숫자를 모두 합쳐보면 4+6+2+6+9+1+8=35가 된다. 회귀적 환원이란 한자리 수 또는 마스터 수(11, 22, 33) 중 하나에 도달할 때까지 환원을 계속해서 더 이상 줄일 수 없게 만든다는 의미다. 따라서 우리는 합계 35를 좀 더 줄여서 3+5=8로 만들 수 있다. 내 이름의 수는 8이다. 이제 나는 내 자신에 대해 더욱 자세히 알아보기 위해 숫자 8을 분석할 수 있다. 하지만 이 방법은 오직 수박 겉핥기일 뿐 핵심을 꿰뚫을 수는 없음을 명심하자.

히브리 수비학

히브리 문자는 일부 라틴어 글자가 로마숫자인 것과 마찬가지로 숫자다. 이 숫자들을 사용하는 것이 게마트리아의 핵심이다. 숫자/글자의 연결은 히브리어에서 중요하다. '행운의 수'가 여러 개 존재하며, 특히나 숫자 18이 그렇다. 생명은 유대교의 핵심가치로 간주되며, '카이Chai'라는 단어는 생명을 의미한다. 카이, 즉 חי의 철자를 쓸 때 총 합계는 18이다. 따라서 유대인들은 18달러 또는 180달러, 혹은 숫자 18의 배수가 되는 정도의 선물을 준다. 그래야만 그 선물로 생명이 더욱 공고해지기 때문이다. 또한 각 히브리어 글자에는 영적 의미가 있으며, 우주창조의 일부다. 숫자뿐 아니라 각 글자의 모양과 소리는 유대교 신비주의의 핵심이다.

카발라 수비학

헤르메틱 카발라Hermetic Kabbalah는 히브리어를 통해 이해할 수 있는 수비학을 사용하지만(178페이지 참고) 훨씬 더 단순하다(카발라는 유대교와 히브리어에서 비롯되었기 때문이다). 본질적으로 생명나무의 열 가지 영역(세피로트Sephirot)은 복잡한 의미가 있으며, 그 의미에 접근하기 위해서 1부터 10까지의 숫자를 사용할 수 있다. 영역 사이에 22가지 경로에도 역시나 숫자가 매겨지는데, 이 숫자들도 주술에서 사용할 수 있지만 그리 일반적이지는 않다.

중국 수비학

중국 수비학은 대응식 체계가 아니라 길하거나 흉한 숫자의 힘을 믿는 것이다. 동음이의어에 기반을 두어서, 어떤 단어가 숫자와 발음이 같을 때 그 단어의 의미는 숫자와 연결이 된다. 예를 들어, 숫자 6은 사업에 좋은 숫자인데, 만다린어로 '매끄러운'이라는 의미를 가진 단어와 광둥어로 '행복'이라는 의미를 가진 단어처럼 발음되기 때문이다.

많은 중국인들이 광둥어나 다른 언어를 쓰지만 대부분의 숫자에 대한 믿음은 만다린어를 바탕으로 한다. 숫자는 문화적으로 중요하며, 선물을 주거나 날짜를 잡을 때, 심지어 장식을 할 때도 상서로운 숫자를 고른다. 축의금을 할 때는 보통 88이나 99 같은 행운의 숫자에 맞춘다.

수비학의 활용

수비학은 가장 실용적인 오컬트 기술 가운데 하나다. 우리는 이 책의 처음부터 수비학의 활용에 대해 언급해왔다. 물론 일부 사람들은 숫자를 가지고 명상을 하고, 또 숫자에 홀리기도 한다. 그러나 숫자는 태생적으로 '활용'되는 존재다. 날짜와 이름이 선택되고, 일부 오컬티스트들은 심지어 도시의 번지수를 바꾸도록 만들기까지 했다(극단적인 사례이기는 하다. 나중에 번지수와 관련한 간단한 트릭들을 살펴보려 한다). 우리는 만물을 세고, 또 측정한다. 숫자는 지속적으로 사용되고, 또 너무나 많이 사용되기 때문에, 우리가 실용적인 측면을 배제하고 수비학을 설명하기란 거의 불가능할 정도다.

인생여정, 운명, 그리고 성격파악

앞에서 나는 피타고라스 수비학을 활용해 내 이름을 숫자 8로 환원했고, 그러자 그 숫자는 내 '운명' 또는 '성격' 수가 되었다. 추가적인 연구를 통해 내 경우 8이나 그 근원인 35에 대해 더욱 확장시켜 이해할 수도 있을 것이다.

살면서 이름이 바뀐 경우 개명 전과 후를 읽으면, 운명이 어떻게 바뀌었는지 볼 수 있을 것이다. 결혼을 해서 성이 바뀌었다거나 아니면 세례명을 얻게 된 경우, 이런 일이 발생할 수 있다. 오컬티스트가 새로운 이름을 선택한다면, 가끔 이름을 정하기 전에 수비학으로 분석한다.

'인생여정 수'나 '내면의 재능 수'는 생년월일에서 유래한다. 인생여정 수는 여러분이 누구인지를 가르쳐주고, 운명 수는 여러분의 팔자를 알려준다.

나의 인생여정 수는?

이 연습에서 여러분은 생년월일을 이용해 피타고라스식 인생여정 수를 찾을 수 있다. 이 숫자는 여러분 내면의 재능과 능력, 그리고 인생에서 배우게 될 교훈들을 알려준다.

준비물

펜과 메모장

생년월일

순서

1. 숫자형식으로 생년월일을 쓴다. 예를 들어, 1984년 3월 24일은 3-24-1984다.
2. 각 숫자를 개별적으로 환원해 나가보자. 숫자 22는 마스터 수임을 명심하자. 마스터 수는 환원하지 않는다.

3	24	1984
3	2+4	1+9+8+4
3	6	22

3. 이제 각 환원한 수를 모두 합산해보자. 3+6+22=31. 그 후 31을 환원해보자. 3+1=4. 인생여정 수를 읽기 위해 우리는 3과 6과 22, 그리고 마지막으로 4를 운명의 일부로 해석해야 한다.

4. 121페이지에 나온 피타고라스 대응표를 다시 살펴보자. 숫자 3에서 우리는 긍정주의와 창의성, 자발성을 볼 수 있다. 숫자 6은 봉사와 이타심이다. 3은 소통가이고 6은 선생님이기 때문에, 아마도 이는 다른 사람들을 가르치는 과정에서 소통을 한다는 의미일 수 있다. 마스터 수 22는 영적 지배 또는 심오한 부정성을 의미할 수 있는데, 이는 6의 봉사와 3의 개방성에 대한 버거운 도전이 될 수 있다. 마지막 숫자 4는 실용적이고 단호하다. 22의 부정성을 저지하고 영성이 잘 번창하도록 해줄 것이다. 이와 같이 우리는 이 숫자들에서 펼쳐지는 재능과 도전들을 읽을 수 있다.

여러분의 생년월일에서 무엇을 읽을 수 있는가?

마방진

대부분의 사람들은 마방진을 오컬트가 아닌 숫자놀이라고 생각한다. 마방진은 각 칸에 숫자가 들어간 사각형이다. 각각의 줄과 칸, 대각선의 숫자는 모두 합계가 같다. 최초로 기록된 마방진은 로슈(洛書)방진으로, 중국에서 기원전 4세기에 만들어진 것으로 알려져 있다. 로슈방진의 합은 15로, 다음처럼 생겼다.

2	7	6
9	5	1
4	3	8

르네상스의 마도서는 그런 '마법의 사각형' 마방진을 행성들에 부여했다(로슈방진도 여기에 포함되었는데, 이는 토성의 방진이다). 아그리파는 이 내용을 자세히 기술했고, 아그리파가 만든 제도는 여전히 사용되고 있다. 각 행성의 마방진은 행운의 부적이나 액막이 부적으로 쓰이거나 행성 에너지를 불러내는 기능을 한다. 마방진은 일반적으로 그 행성에 대응하는 금속 위에 새기지만(135페이지 참고) 종이를 사용할 수도 있다. 마방진은 시길[sigil](표지나 상징)과 함께 쓸 수도 있다. 시길은 행성의 특징과 지성, 그리고 영을 담으며, 가끔 '카메아[Kamea]'라고도 불린다('Kamea'의 복수형을 'Kameas'라고 쓰기도 하지만, 히브리어인 만큼 정확한 복수형은

'Kameot'가 된다. 'Sephirah'의 복수형이 'Sephirot'인 것과 같다).

혼이나 지성의 카메아를 만드는 방법은 행성에 부여된 카발라 혼(魂)의 히브리어 이름을 마방진 안에 그려 넣는 것이다. 이를 위해 우선 히브리어로 행성 혼의 이름을 쓴다. 그 후 각 글자에 대응하는 숫자를 찾는다. 그러고 나서 그 행성의 마방진 안에서 이름 철자에 따라 숫자와

소개합니다

하인리히 코넬리우스 아그리파

하인리히 코넬리우스 아그리파(Heinrich Cornelius Agrippa, 1486~1535)는 영향력 있는 독일의 오컬티스트이자 의사, 신학자, 그리고 작가로, 이 책의 절반 이상을 손쉽게 차지하고 있다. 아그리파는 매우 광범위하게 오컬트를 연구했고, 저서 『세 권의 오컬트 철학(Three Books of Occult Philosophy)』은 여전히 지대한 영향력을 미치고 있다.

젊은 시절 아그리파는 용병으로 세계 곳곳을 누볐고 신성로마제국에서 기사 작위를 받았다. 단시간 내에 글을 쓰고 강의를 하기 시작했고, 신학에서 박사 학위를 받았는가 하면, 어느 정도는 유대교에서 영향을 받으면서 이단자로 고발당하기도 했다. 오늘날 신비학자들과 연금술사, 마법사들이 아그리파의 저서를 연구하고 있다.

숫자를 실선으로 잇는다. 단, 처음과 끝은 원으로 시작한다. 이 선이 소환의 시길을 형성한다. 108페이지에 실린 그림은 태양의 지성인 나키엘Nachiel을 나타낸다.

마방진, 그리고 여기에 관련한 시길은 제식마법에서 쓰인다. 수호 물건(액막이 부적)으로 만들어지거나 행성이나 어떤 존재의 힘을 소환하는 역할(행운의 부적이나 도구)로 만들어지기도 한다. 일부 행성의 혼은 부정적인 본성을 가지고 있어서, 해악을 가져오기 위해 소환되기도 한다. 그러니 힘을 가진 상징들을 가지고 작업을 할 때는 자신이 행하는 마법을 정확히 이해하는지 신중하게 확인해야 한다.

주술로서의 수비학

주술에서 수비학을 활용하기 위해서는 다양한 접근법이 존재한다. 기본적으로, 아무 주문이나 작업에 원하는 숫자의 공명을 새겨 넣을 방법을 알아내야 한다. 새겨 넣을 숫자를 최대 세 개까지 골라보기를 추천한다(되도록이면 하나나 두 개가 좋다). 그리고 주문 전체에 이 숫자들을 잘 깔아두자. 작업을 하면서 숫자가 이미 존재하는 지점들을 살펴보고, 원하는 울림을 만들어내기 위해 특정한 숫자를 선택하자. 고려해야 할 부분들은 다음과 같다.

- 주술을 행하는 요일과 날짜, 시간은 언제인가?

- ◆ 얼마나 자주 작업을 반복하는가?
- ◆ 기도문이나 주문이 있는가? 그 안에 얼마나 많은 단어들이 들어 있는가? 몇 번을 반복하는가?
- ◆ 양초를 사용하는가? 양초를 몇 개 사용하는가?
- ◆ 약초를 사용하는가? 약초를 몇 종류 사용하는가?

보다시피, 그 어떤 주술행위든 숫자들과 그 숫자들의 힘을 널리 잘 끼워넣을 수 있는 방법들은 아주 많다.

변화를 위해 숫자 이용하기

숫자는 우리네 인생 곳곳에 배어 있다. 지금껏 살펴봤듯 숫자들은 인생에 에너지를 부여하기도 한다. 생년월일부터 주민등록번호까지, 우리가 바꿀 수 없는 특정한 숫자도 있지만, 우리가 조작할 수 있는 다른 숫자들도 있다.

집 앞에 어떤 숫자가 쓰여 있거나 새겨져 있는가? 분필 하나를 들고 여러분의 번지수에 그냥 번호 하나를 덧붙여서, 그 숫자의 총합이 인생에서 여러분이 원하는 울림을 만들어내도록 할 수 있다(다만, 사람들이 우편물을 배달하거나 여러분 집을 방문할 때 혼란을 일으키지 않을 정도로 옅게 쓰도록 하자!). 세월이 흐르면서 분필은 흐릿해질 테니, 그 위에 다시 숫자를 덧써 원한다면 새로운 울림을 가져올 수도 있다.

이름의 에너지가 극도로 까다로운 경우, 에너지를 바꾸기 위해 이름이나 이름의 철자를 바꾸는 방법도 있다. 성에 따라서는 어느 다른 철자가 좀 더 도움이 될 수도 있다. 예를 들어, 미셸이라는 이름은 종종 L이 하나인 Michele로 쓸 수도 있고, L이 두 개인 Michelle로 쓸 수도 있다. 이 경우 Michele=1이고, Michelle=4다.

오컬트에서의 수비학

오컬트를 살펴보면 어디에서든 숫자가 보인다. 이 책에서 우리가 이미 논했던 주제들 역시 수비학이 한몫을 차지하고 있다.

- 중국 수비학의 관행들은 근본적으로 토속주술이다.
- 온라인 지침서(240페이지 참고)에 나오는 '마법에 숫자를 더해보자'는 마녀술에서 수비학을 활용하는 것이다.
- 숫자들은 점성술 곳곳에서 등장한다. 숫자가 매겨진 하우스, 12궁도를 지나가는 별자리들의 순서, 그리고 행성의 대응숫자까지.

탐색하게 될 각 오컬트에서 이런 일은 비일비재하게 벌어질 것이다. 이미 카발라에 강력한 수비학적 요소가 존재하며, 마방진은 마법의식에서 쓰인다는 것을 보았다. 행성과 점성술의 숫자는 연금술에서 일부 역할을 맡고 있으며, 물론 타로카드에도 저마다 숫자가 매겨져 있다. 이런 숫자들은 또한 교차연결되는데, 타로카드 숫자는 카발라와 대응하고, 연금술 숫자는 점성술과 연결되어 있다.

연금술

연금술은 변신이다. 연금술은 아마도 가장 이해도가 떨어지는 오컬트 과학이기에, 이 간단한 정의를 기억해두는 게 좋겠다.

기원전 300년 무렵 헬레니즘 시대 이집트에서 비롯된 이 고대 과학은 네 가지 목표를 지녔다. 우선은 모든 것을 녹여내는 용매인 '알카헤스트Alkahest'를 만드는 것이다. 두 번째로, 생명을 연장해주거나 영원히 살 수 있는 만병통치약인 '파나세아Panacea'를 만드는 것이다. 세 번째 목표이자 가장 유명한 목표는 한 가지 물질을 다른 물질로 바꾸는 '물질 변성'이다. 보통은 구리나 납, 철, 주석 같은 '비천한 금속'을 은, 금, 또는 수은 같은 '귀금속'으로 바꾼다. 가끔 변성 작업은 '현자의 돌'을 찾는 것에 집중되었는데, 현자의 돌은 만병통치약인 동시에 그 어떤 금속도 금으로 바꿀 수 있는 가공의 물질이다. 네 번째 목표는 현대 연금술사들의 입에는 오르지 않지만 '호문쿨루스Homunculus' 또는 인조인간을 만들어내는 것이다. 메리 셸리의 『프랑켄슈타인』에서 빅터 프랑켄슈타인은 그 유명한 괴물을 창조해내는 탐구과정에서 오컬트 철학자 하인리히 코넬리우스 아그리파와 다른 연금술사들을 연구한다.

나는 연금술을 과학이라 칭하련다. 오늘날 연금술은 사이비 과학으로 취급되지만, 초기 연금술사들은 엄격하게 통제된 실험을 수행하고 그 결과를 신중하게 기록했다. 또한 연금술사들은 현재까지 사용되는 실험기구와 방법들을 발명해내기도 했다.

연금술은 다른 오컬트 과학과 철학을 바탕으로 발전했다. 연금술 작업을 할 때는 점성술을 사용해 시간을 측정했다. 연금술의 일곱 가지 금속인 금, 은, 수은, 구리, 납, 철, 주석은 점성술 상의 행성이다. 점성술과 마찬가지로 연금술은 아리스토텔레스의 물리학을 따른다. 우리 세계는 전적으로 흙과 공기, 불과 물로 만들어졌다고 본다.

연금술은 처음에 황-수은설을 따랐다. 황-수은 설에 따르면 금속은 흙 속에서 황과 수은이 결합되었을 때 형성된다. 황과 수은의 결합에 따른 각 금속은 독특한 성질을 지닌다. 황이 더 많이 들어가면 금속은 더욱 영적인 성격을 띤다. 수은이 더 많이 들어갈수록 더 저급해진다. 그리고 '완벽한' 결합은 금을 산출해낸다. 황은 남성이자 활동적이라고 여겨졌고, 반면에 수은은 여성적이고 수동적이라고 여겨졌다. 9세기 아랍의 연금술사이자 종종 화학의 아버지로도 불리는 자비르 이븐 하이얀(지베르라고도 알려져 있다)은 이 이론에서 가장 유명한 주창자 가운데 하나다. 한참 후에 파라켈수스(138페이지를 참고하자)는 이러한 이원성을 삼위일체 형태로 바꾸어놓았다. 1530년 『오푸스 파라미룸Opus Paramirum』* 에서 황과 수은, 소금이라는 '세 가지 주요 원소'를 정의했다.

화학이 연금술에서 '진화'했다는 것은 오해다. 그보다 화학은 연금술에 속하는 이론이었다. 지베르처럼 위대한 초기 화학자들은 연금술사이기도 했다. 아이작 뉴턴 경 역시 연금술사였으며, 근대 화학을 다룬 최초의 책으로 여겨지는 『회의적 화학자The Sceptical Chymist』를 쓴 로버트 보일 역시 마찬가지다.

19세기 이성의 시대가 시작되면서 연금술에 대한 흥미는 사그라들었고, 좀 더 합리적인 과학이 그 자리를 대신하게 되었다. 이 시점에서 연금술은 나름의 전환기를 맞았다. 그중에서도 심리학자 칼 융과 신비주의자 매리 앤 엣우드Mary Anne Atwood는 연금술의 목표는 절대로 실제의 납을 실제의 금으로 바꾸는 것이 아니라, 오히려 연금술사의 영혼을 변화시키는 것이라고 보았다. 이 심리학적 연금술사와 심령적 연금술사는 '납'은 천하고 미개한 인간의 본성인 반면에, '금'은 신에 가까워진 고상한 영혼이라고 강력하게 주장했다.

연금술을 다루는 현존하는 가장 오래된 책은 파나폴리스의 조시모스가 쓴 『쉐로크메타Cheirokmeta』로, 이 책에서 연금술은 영적인 구원으로 통하는 관문이자 그 작업은 초자연적인 변성의 작업이라고 설명했다. 중국의 연금술 역시 마찬가지였는데, 중국의 연금술은 와이단(外丹, 외적 연금술)와 네이단(內丹, 내적 연금술)을 구분했다. 그러나 조시모스 같은 연

---

* '놀라움을 넘어서는 작품'이라는 의미로 여행에서 얻은 깨달음을 담은 수필집이다.

금술사들은 언제나 실험실에서 작업을 수행하며 물질들을 증류하고 정제하며 추출해냈다. 융과 다른 이들의 주장과는 대조적으로 이 연금술사들의 작업은 은유적인 것이 아니라, 물질적이고 영적인 수준에서 모두 이루어졌다.

오늘날 신비학자와 과학자 모두 고대 연금술사들의 물리 실험들을 재

소개합니다

파라켈수스

파라켈수스(Paracelsus, 1493 또는 1494~1541)의 본명은 테오프라스투스 폰 호헨하임이다. 스위스에서 태어났으며, 의사이자 화학자, 헤르메스주의 철학자, 신학자, 그리고 연금술사다. 의사 아버지와 노예 신분의 어머니 사이에서 (아마도 사생아로) 태어나, 눈부신 성취에도 불구하고 평생을 미천한 출생 신분 때문에 괴로워했다. '독성학의 아버지'인 파라켈수스는 '체액의 균형'보다는 약물로 질병을 공략하는 개념을 도입했고, 의사에게 화학적 지식이 필요하다고 주장했다. 또한 질병과 약, 그리고 식물 사이의 관련성을 규명했다.

파라켈수스는 '장미십자단(17세기 초반 일어난 오컬트 운동)'과 특히나 독일에서 추앙받았다. 실제로 일부 파라켈수스주의자들은 파라켈수스가 불로장생약을 발견했고, 사실 파라켈수스의 무덤은 텅 비어 있다고 믿는다.

현하고 입증해보고 있다. 이들은 현대의 실험기구들을 사용해 중세 연금술 비망록에 나오는 모호한 암호와 표기법이 반드시 은유적으로 쓰인 것은 아님을 발견했다. 예를 들어, '아테나의 그물'이라고 설명된 실험은 그물처럼 보이는 화학적 화합물을 생성해 내고, 이를테면 '초록 사자' 같은 색상 명이 붙은 생명체는 '녹반(황산철)' 같은 실험에 쓰인 물질을 가리킨다는 것이다.

심리학적·심령적 연금술은 오컬티즘 내에서 중요한 움직임이다. 연금술은 현재 식물을 사용한 정화부터 지구와의 교감, 그리고 생명 연장의 묘약과 영혼의 치유까지 다양한 동기를 지닌 오컬티스트와 치유사들 사이에서 행해지고 있다. 연금술은 여전히 오해를 받고 있기는 하지만 여전히 잘 살아남아 있다. 이 오컬트의 실제를 더 자세히 살펴보자.

연금술 이해하기

연금술의 궁극적인 목표는 자연을 완전히 이해하고 탈바꿈시키는 것이다. 연금술의 네 가지 목표(알카헤스트, 파나세아, 물질 변성, 그리고 호문쿨루스)는 모두 이 점을 반영한다. 소우주를 이해하고 완벽하게 만든다는 것은 대우주에 가까워진다는 의미다. 이는 세계의 상처를 치유한다는 카발라(중세 유대교의 신비주의)적 개념과 유사하다. 당연하게도 수많은 카발라주의자들은 연금술사였다(176페이지 참고).

연금술사들은 자연이 아담과 이브의 '타락' 이후 파괴되었다고 믿는다. 이들은 개별적인 금속(소우주)을 변성하고 향상시킴으로써 지구는 스스로 치유되고 신(대우주)에 가까워진다고 본다.

연금술사들을 과학자로 인정하기 위해서는 17세기와 18세기 계몽주의 시대 이전까지 과학은 영성(靈性)과 동떨어진 것으로 간주되지 않았음을 이해하는 것이 필수다. 당시 의학은 신학과 그다지 다르지 않았고 실험실에서는 화학물질과 식물, 금속과 마찬가지로 정신과 영혼도 다루었다. 이쯤에서 모두 약간은 혼란스러울 수도 있다. 연금술은 고의적으로 모호하고 은유적이며, 오늘날 대부분의 사람들에게 낯선 방식으로 신비주의와 과학을 아우른다. 앞으로 살펴보겠지만, 그럼에도 불구하고 연금술의 요소는 금속과 식물, 원소와 원리들로 이해할 수 있을 것이다.

금속과 식물

연금술사들은 점성술을 이해했다. 여러분이 이미 점성술에 관한 부분을 읽어보았으니 다행이다. 다시 한번 행성과 원소들이 중요하게 등장하기 때문이다(94페이지의 차트를 펼쳐보자). 연금술사의 일곱 가지 기본 금속은 어떤 행성에 해당하는지 다음을 살펴보자.

금속	행성	별자리	원소
금	태양	사자자리	불
은	달	게자리	물
수은	수성	쌍둥이자리, 처녀자리	에테르(물과 흙, 공기의 결합물)
구리	금성	황소자리, 천칭자리	물
철	화성	양자리, 전갈자리	불
주석	목성	궁수자리, 물고기자리	물
납	토성	염소자리, 물병자리	흙

납은 '가장 저급한' 금속으로, 하느님으로부터 가장 멀리 떨어져 있는 반면에 금은 가장 고귀한 금속이다. 금속들은 연속된다고 보며, 각 행성의 혼은 저마다 대응하는 금속이 있다.

행성/금속에 대응하는 원소들이 언제나 그 행성/금속의 별자리의 원소와 같지는 않음에 주목해보자. 이 사실이 각 별자리에 어떻게 통찰력을 더해 주는지 살펴보자. 예를 들어, 실질적인 황소자리와 경박한 천칭자리는 각각 어떻게 금성의 물에 감화되는지 눈여겨보자. 황소자리는 관능적인 경향이 있고, 천칭자리는 낭만적인 경향이 있다. 둘 모두 금성의 특성이다.

수은과 유황과 소금

조시모스(137페이지 참고)는 유황-수은 이론을 규정한 최초의 연금술사 가운데 하나다. 유황은 휘발성 혼인 '프네우마Pneuma'였고 수은은 비휘발성 육체인 '소마Soma'였다. 그러나 화학자들은 수은과 유황을 섞으면 황화수은, 또는 독성 화합물인 진사가 만들어진다는 것을 안다. 연금술사들은 자신들의 작업에 암호명(데크나머Deckname)을 붙였다. 유황은 유황이 아니고, 수은은 수은이 아니었다. 따라서 이들이 설명하는 완벽한 혼합물을 이제 와서 알아낼 수는 없다.

또한 수은과 유황의 '결합'은 남성과 여성, 긍정과 부정, 땅과 혼을 나타낸다. 연금술의 기술은 벌거벗은 남성과 여성으로 상징되는 이러한 두 가지 혼으로 가득 채워져 있다. 이 둘은 성적으로 합쳐지고, 가끔 두 성별은 온전한 몸 하나에 머리가 두 개인 자웅동체가 되기도 한다('자웅동체'라는 단어가 연금술 교과서에 등장한다. 따라서 오늘날 사용하는 용어는 '간성(間性)'이지만 이 책에서는 '자웅동체'라는 단어를 그대로 쓰려 한다. 연금술은 이성애를 규범으로 삼는 것처럼 보이면서도 성별을 초월한다).

파라켈수스가 3원질(트리아 프리마Tria Prima)을 소개하자 역학관계는 더 이상 단순히 남과 여의 간극이 아니라, 몸(소금), 정신/고귀한 마음(수은), 그리고 혼/감정/욕망(유황)에서 생겨난다. 나는 이를 점성술의 고정적(소금), 가변적(수은), 그리고 활동적(유황) 요소에 대응해 생각하기를 좋아한다. 파라켈수스는 우주의 구성요소가 4원소와 3원질이라고 믿었다. 3원질 이론에서 우주는 여전히 이원적이지만, 소금/몸은 수은/여성/정신과 유황/남성/혼 사이에서 통합하고 중재한다. 오늘날 일부 연금술사들은 파라켈수스주의인 반면에, 일부는 유황-수은 이론을 고수한다.

4원소론의 귀환

네 개의 원소는 그리스 철학에서 오랫동안 뿌리내리고 있었지만 지베르가 연금술에 추가했다. 불과 공기는 가장 휘발성이 강한 불과 함께 더 높은 곳을 추구해서 하늘까지 솟는다. 흙과 물은 가장 안정적인 흙과 함께 아래를 향해서, 위에서부터 흐른다.

원소들이 결합하면 이런 성질이 없어질 수 있지만, 이원성을 초월하는 하나 된 전체가 만들어질 수도 있다. 연금술에서는 이를 대극의 합일Coniunctio Oppositorum이라고 부른다. 네 가지 원소의 균형과 이원성의 초월은 심리적 연금술과 육체적 연금술 모두의 목표가 된다.

연금술 과학자와 실험실

연금술 실험실을 묘사한 옛 그림들은 신비로운 동시에 친숙해 보인다. 연금술 실험실은 오늘날 화학자들이 사용하는 장비들로 가득 차 있는데, 심지어 어떤 장비는 현대식으로 개선할 필요조차 없을 정도다. 연금술사는 물리적인 실험과 심리적인 실험을 모두 행했다(151페이지 참고).

따라서 실험실에는 성경, 기도를 위한 제단, 명상의 만달라로 사용되는 그림들뿐 아니라 화로와 증류 기구, 도가니, 깔때기, 욕조, 플라스크, 레토르트 증류기 등도 갖추어져 있었다. 대중들은 상상 속에서 이 장비들이 사악한 마법과 악마와 관련 있다고 연관 짓게 되었다(『백설 공주와 일

소개합니다

유대인 여인 미리암

역사에 기록된 최초의 연금술사이자 화학자는 유대인 여인 미리암(Miriam)(우리에겐 메리/유대인 여인 마리아/선지자 마리아 등으로 알려져 있다)으로, 서기 1세기에서 3세기 사이쯤 알렉산드리아에서 살았다. 미리암은 아무런 글도 남기지 않았지만 서기 300년경 이집트에서 활동했던 연금술사 조시모스의 저서에 폭넓게 인용되었으며, 그 후 1700년의 세월이 흐르는 동안에도 계속 언급되었다.

미리암은 중요한 실험기구들을 발명했다. 그중에는 유리 실험기구도 있었는데 당시로서는 쉽지 않은 발명이었다. '뱅 마리에(Bain-Marie)'라고 하는 중탕기는 미리암의 이름을 딴 것이다. 미리암의 발명에는 트리비코스(Tribikos, 삼발 증류기)와 케로타키스(Kerotakis)도 있는데, 두 기구 모두 증류기의 주요한 변형이다. 미리암은 현자의 돌을 발견한 것으로 알려진 몇몇 연금술사 가운데 하나다.

곱 난쟁이』에 나오는 왕비의 실험실을 생각해보자).

오늘날에는 알코올을 증류하며, '증류'라는 단어를 '뭔가를 끓여서 액기스를 뽑아낸다'는 의미에서 은유적으로 사용하기도 한다. 증류 과정은 가장 순수한(정제된) 형태로 남기기 위해 액체를 기체가 될 때까지 열을 가하다가 식히는 행위를 포함한다. 증류 장비는 식힌 액체를 담기 위해 응결 장치와 알렘빅 증류기, 또는 레토르트 증류기 등을 사용한다. 갖가지 액체들은 서로 다른 온도에서 기체가 되었다가 다시 액체가 되기 때문에, 증류기에는 여러 개의 응결 장치가 달려 있다(건류는 고체가 기체가 될 때까지 열을 가하는 것이다). 화로와 도가니는 가열하기 위해 사용되었고, 욕조는 물질들을 액체에 담가서 변하게 만드는 데에 사용되었다.

연금술의 유형

연금술은 기원전 300년과 서기 1세기 사이에 헬레니즘 이집트의 알렉산드리아에서 시작되었다. 서기 400년 전후로 연금술은 중요한 이슬람 시대로 접어들었고, 그 후 1144년에 아랍어로 쓰인 『연금술 구성의 책Book of the Composition of Alchemy』이 라틴어로 번역되면서 중세유럽에까지 전해졌다. 이 1000년의 역사 전체는 하나의 이야기, 즉 서양의 연금술에 관한 이야기를 들려준다. 인도 연금술은 서양 연금술과 비슷해 보이지만, 학문적으로는 알려지지 않은 부분이 많은 반면에, 중국의 연금술은 서양과 다르게 잘 알려져 있다.

여러 면에서, 연금술에서 꽤 중요한 차이는 무엇이 변할 것인가에서 나온다. 금속인가? 식물인가? 인간의 영혼인가? 한번 살펴보자.

서양의 연금술

지금까지 연금술의 역사를 살펴보면서 우리는 미리암과 조시모스 같은 이 분야의 전문가들을 만나봤다. 주로 알렉산드리아에서 이루어진 이들의 연구는 연금술과 그 목적을 규정짓는 데에 이바지했다. 이들은 실험실을 짓고, 장비를 발명했으며, 물리적인 실험에 담긴 영적인 의미를 탐구했다.

중세시대 연금술은 대부분 이슬람 세계에서 이루어졌고, 지베르가 바로 그 전형적인 예다. 르네상스 시대가 되어서야 새로운 형태의 연금술이 등장했다. 아그리파와 파라켈수스는 둘 다 독일의 헤르메스주의자 요한네스 트리테미우스의 제자지만, 둘의 접근 방식은 달랐다. 아그리파는 연금술과 점성술을 기독교 카발라와 결합시키는 혁신을 선보였다(177페이지). 반면에 파라켈수스는 의학과 트리아 프리마의 새로운 이론에 좀 더 초점을 맞추었다. 이들이 행하는 헤르메스 연금술은 헤르메스 트리스메기스투스의 『에메랄드 태블릿Emerald Tablet』의 인도를 받으며 르네상스 시대에 절정에 이르렀다.

따라서 '서양' 혹은 '헤르메스' 연금술을 논한다는 것은, 이원성과 신비주의의 자웅동체를 결합함으로써 연구실과 자신의 내면에서 동시에 변화를 추구하는 과학적이고 영적인 관행에 관해 이야기하는 것이다(또한 이 결합으로 생명을 창조해내거나 연장하고, 금을 만들어낼 수도 있다).

소개합니다

니콜라 플라멜

니콜라 플라멜(Nicholas Flamel, 1330~1418)은 아마도 『해리 포터와 마법사의 돌』에 등장하는 연금술사로 가장 유명하겠으나, 사실은 실존인물이다. 플라멜은 필경사이자 서적상이었으며, 세상을 떠난 지 200년 후 플라멜의 연금술 지식은 전설이 되기 시작했다. 플라멜이 저자인 것으로 추측되는 『상형문자 개론(Exposition of the Hieroglyphical Figures)』이 출간되었기 때문이다.

"플라멜"은 박해를 피해 도망쳐나온 유대인에게서 『마법사 아브라멀린의 신성한 마법의 책(The Book of the Sacred Magic of Abramelin the Mage)』을 구입했다고 알려져 있다. 그 책으로부터 연금술을 배우고, 마침내 현자의 돌을 발견하게 된다. 금을 만들어낸 덕에 이 소박한 필경사가 부유하고 넉넉해졌을까? 사실 플라멜의 아내는 결혼할 때 엄청난 유산을 가져왔다고 한다. 플라멜이 연금술사라는 동시대적인 증거는 존재하지 않는다.

식물 연금술

식물에 적용되는 실용적인 연금술을 '스퍼지릭Spagyric'이라고 부른다. 스퍼지릭은 치료를 목적으로 식물을 구성단위까지 쪼개나가는 과정과 이 단위들을 다시 정화된 형식으로 합쳐나가는 과정을 의미한다. 스퍼지릭('모은다'는 뜻의 그리스어 '스파오Spao'와 '추출한다'는 뜻의 '아게이로Ageiro'에서 나왔다)을 고안한 사람은 파라켈수스로, 식물의 3원질을 추출하는 것에서 시작되었다.

- **영혼(유황)**은 식물의 정유다.
- **정신(수은)**은 식물의 팅크* 또는 알코올 추출물이다.
- **몸(소금)**은 식물을 태운 재, 또는 그 재로부터 얻은 소금에 함유된 결정물질이다.

스퍼지릭은 물리적인 과정인 만큼 영적인 과정이기도 하다. 모든 작업은 특정한 식물과 작업에 대응하는 행성시간에 시작되어야만 한다(242페이지 참고)

* 동식물에서 얻은 약물이나 화학물질을 알코올에 우려 얻은 액제.

심리적·영적 연금술

영적 연금술은 연금술을 통해 자신을 구원하는 것이다. 연금술의 일곱 가지 작업, 즉 마그눔 오푸스Magnum Opus(151페이지 참고)는 육체와 무관한 내면의 변화가 일어나는 과정으로 본다. 실제로 칼 융은 연금술사들만이 그저 자신들의 실험을 화학적이라고 생각한다고 믿었다. 이성의 시대에 융과 다른 영적 연금술사들은 연금술의 본질을 재구성해서, 이를 실험실로부터 완전히 제거했다.

중국 연금술

중국 연금술이 얼마나 오래되었는지 확실히 아는 사람은 아무도 없지만, 기원전 165년까지 연금술 중 일부를 금지하는 칙령들이 존재했다. 중국 연금술은 조화와 균형의 철학인 도교에 뿌리를 두고 있다. 당연히 다섯 가지 중국의 원소인 쇠, 물, 나무, 불, 흙을 활용한다.

중국 연금술의 주요한 목적은 본래 불로장생의 영약을 만드는 것이었다. '연금술의 금'을 만드는 일은 가장 중요한 수수께끼였다. 초기의 실험자들은 수은을 함유한 '가짜 금'인 진사가 핵심이라고 생각했다. 불행히도 수은을 삼키면 몸에 해로웠고, 따라서 연금술사들은 진짜 금으로 원료를 바꾸었다. 오늘날 중국의 '내면의 연금술'은 생명력과 함께 내면의 여성적 원소와 남성적 원소 간의 균형을 맞추는 것을 추구한다.

스퍼지릭 실험실 채우기

스퍼지릭은 초심자가 금속을 다루는 작업보다 훨씬 더 쉽게 접근할 수 있다. 당연하게도 여러분에게는 약초나 행성, 그리고 스파지릭에 대한 자세한 설명이 담긴 **참고자료**가 필요할 것이다.

팅크를 만들기 위해서는 유리뚜껑이 달린 **보관용기**, 또는 금속뚜껑이 달린 보관용기에 쓸 양피지가 필요하다. 다 만든 팅크는 **스포이트 뚜껑이 달린 작고 어두운 색깔의 병**에 넣어두어야 한다.

또한 곡물 **알코올**, 보드카, 또는 그라파(포도로 만든 술), **줄**이나 **노끈**, 그리고 **막자와 막자사발**이 필요하다. **깔때기**, **여과장치**, **무명천**은 거르고 붓는 데에 필요하다. 팅크를 여러 종류로 만든다면 용기에 붙일 꼬리표가 있어야 할 것이다(팅크는 **원뿔처럼 생긴 여과기**로도 만들 수 있다. 만드는 데에는 약 48시간 정도 걸리며 몇 주 동안 보관할 수 있다).

하소(태워서 재로 만드는 작업, 152페이지 참고)는 연기가 자욱하게 나는 과정이다. **도자기로 된 주전자**뿐 아니라 야외용 **휴대난로**가 있어야 한다. 또한 **숟가락**, **그릇**, **물을 따를 유리용기**, 그리고 튼튼한 **오븐용 장갑**도 필요하다.

정유를 추출하기 위해 일종의 **증류기구**가 있어야 한다. 스포이트와 병뿐 아니라 알렘빅 증류기*나 레토르트 증류기** 등이 필요하다.

마지막으로 스퍼지릭은 육체적인 과정일 뿐 아니라 영적인 과정임을 기억하

* 호리병 모양의 플라스크 위에 튜브가 달린 덮개를 올려놓는 형태의 증류기.

** 목이 굽은 플라스크 모양의 증류기.

자. 연금술은 복잡하고 아름다운 예술로 가득 찬 전통이다. 예를 들어, 레비스(신성한 자웅동체 물질)를 표현한 놀라운 목판화를 볼 수도 있다. 명상을 위해 그런 예술작품을 작업실에 걸어두는 것이 고대의 전통이다.

마그눔 오푸스: 위대한 연구

근본적으로, 연금술은 뭔가 동떨어져 있는 것들(세상, 자아, 금속, 또는 식물)을 가져와서 더 경건하고 더 완벽한 형태로 다시 조립하는 것이다. 이를 '솔베 에 코아굴라Solve et coagula'라고 부르는데, '용해하고 결합시키다'라는 의미다. 여러 단계에 거쳐 그 뭔가는 파괴된다. 구성단위들로 쪼개지면서, 각 구성단위는 완벽해진다. 그러고 나서 다시 결합한다. 이 단위는 원소 또는 (적어도 은유적으로는 성별이 반영된) 이원성이지만, 연금술의 과정을 통해 분리작업은 환영처럼 보이게 된다. 성(性)은 진정으로 신성한 자웅동체가 되고, 뱀은 자기 꼬리를 삼키며, 초월성이 달성된다.

연금술은 이 변신을 하기 위해 일곱 가지 작업을 거친다. 이 작업이란 하소, 용해, 분리, 결합, 발효, 증류, 응고로, 보통은 세 가지 단계로 압축할 수 있다. 바로 검은 단계(하소와 용해), 하얀 단계(분리와 결합), 붉은 단계(발효, 증류, 응고)다. 이 셋은 함께 마그눔 오푸스, 즉 위대한 연구를 구성한다(일부 연금술사는 발효를 따로 빼서 하얀 단계와 붉은 단계 사이에 노란 단계로 설정한다).

이러한 작업은 순서대로 이루어지는 것이 아니며 가끔은 반복되기도 한다. 어떤 작업이 포함되는지 한번 살펴보자.

니그레도(Nigredo): 흑화

검은 단계는 불과 물을 적용하는 것부터 시작한다. 처음은 '하소'인데, 불을 사용해 뭔가를 재로 바꾸거나 변화시키는 것이다. 두 번째는 용해로, 물질을 물에 녹이는 것이다. 연금술에서 검은 색은 죽음과 부패를 의미한다.

- **실험실에서** 물질이 재로 변할 때까지, 또는 외부의 불결한 부분('찌꺼기')이 재가 될 때까지(그러면서 중심부는 타지 말아야 한다) 열을 가한다. 또는 황산과 같은 산성의 '액체 불'에 세척한다. 그 후 이 재를 물이나 다른 용액에 녹인다.
- **식물에서** 우선 팅크를 만든다(156페이지 참고). 이 수은/정신은 잠시 곁에 놓아두자. 남은 식물의 물질은 재가 될 때까지 태운다(하소). 그 후 물을 붓고 소금/몸을 만들어낼 때까지 여러 차례 끓인다(용해).
- **내면에서** 우리는 자아를 마주하고 허영심을 버릴 때 "불길을 뚫고 나아간다". 가끔 이런 방식으로 자신을 변화시키는 트라우마를

경험한다. 우리는 명상이나 자기반성의 진실 속에 '용해'되며, 무의식적인 정신의 물속에서 헤엄칠 수 있다.

알베도(Albedo): 백화

불과 물을 가했으니, 그다음으로는 공기(분리)와 흙(결합)이다. 여기에서는 검은 단계에서 만들어진 물질을 분리하고 순수하게 만들어서, 상징적으로 공기를 더한다. 그러고 나서 결합을 위해 반대되는 것들의 상징적인 '신성한 결혼'이 이루어진다. 분리되었던 것이 영적으로 진정한 하나가 되고, 또 화합한다. 결합은 흙이므로, 이 작업 결과들의 기반이 된다. 하얀색은 연금술에서 '정화'를 나타낸다.

- **실험실에서** 용해의 산물은 아마도 분별증류 과정을 사용해, 어떻게 해서든 거른다. 분리된 결과는 잘 보관했다가 결합의 과정에서 다시 합친다. 분리된 요소를 강제로 합체하기 위해 촉매나 산을 사용할 수도 있다.
- **식물에서** 소금은 한층 더 정화되어, 용해되지 않는 물질로부터 분리된다(분리와 용해).
- **내면에서** 분리는 자아를 잘 살펴보고 구석구석을 감정에 휘둘리는 일 없이 살펴보는 활동을 포함한다. 내가 본능적으로 끌어낸 내 안의 이 모습이 실은 내면의 치유자인가? 이 활동은 '그림자 작

업Shadow Work'으로, 우리가 끔찍하게도 마주하고 싶지 않은 우리 자신의 일부를 직면하는 것이다. 결합은 재통합이다. 우리는 그림자를 빛으로 가져와서, 둘을 결합시킨다.

루베도(Rubedo): 적화

붉은 단계는 거의 초창기 작업으로의 회귀나 마찬가지다. 발효는 일종의 죽음과 부활로, 죽은 물질에서 새로운 생명을 끌어내는 것이다. 발효된 것은 그 후 증류한다. 마지막으로, 응고는 모든 것을 함께 모아서, 금이나 현자의 돌을 생산해내는 것이다. 빨강은 열정적인 열과 영적인 불을 상징한다.

- **실험실에서** 우선, 재료를 썩힌다. 발효가 시작되면 밀랍 같은 노란색 물질이 생겨난다. 그 후 발효된 것을 증류하는데, 더욱 더 순수한 물질을 얻기 위해 자주 수차례 증류한다. 증류액은 그 후 승화 또는 침전시킨다. 화학에서, 중간에 액체를 거치지 않고 고체에서 기체를 만드는 일은 '승화'라고 부르는 반면에, 용액에서 고체를 만드는 일은 '침전'이라고 말한다. 발효된 증류액은 응고 과정에서 발효되지 않은 나머지와 융합한다. 이 고체가 연금술의 마지막 목표다.
- **식물에서** 스피지릭 팅크를 만들려면, 이 팅크를 소금과 섞어야 한

다. 스피지릭 묘약을 만들기 위해서 팅크는 발효와 증류를 거쳐야 한다. 증류는 기름(유황/혼)이 물에 침전해서 분리되게 해준다. 그러고 나서 팅크와 기름, 소금을 합치면 영약이 된다(응고).

♦ **내면에서** 발효 과정에서 실제로 우리는 우리가 만들어낸, 새롭게 연합한 자아에 따라 살아간다. 우리는 이제 치유를 바탕으로 움직이는 것이다. 그렇게 되면 우리는 무엇을 증류해야 하는지 볼 수 있게 된다. 다시 말해서, 어떤 내면의 작업을 더 진행해야 하는지 알게 된다는 의미다. 우리는 내면의 작업을 개선하고 완성한다. 응고는 완성된 자아, 즉 몸과 마음과 정신의 진정한 통합이다. 우리 대부분은 이 과정을 순환하면서, 이 고귀한 상태에 이를 때까지 다시 시작하고 점점 더 다가가게 된다.

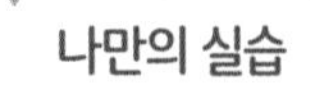

팅크 제조

팅크 만들기는 실용 연금술 중에서 가장 간단한 작업이다. 특별한 장비가 필요하지도 않다. 또한 유용한 혼합물을 얻을 수 있는 것뿐 아니라 연금술사의 작업에 대해 감을 잡을 수도 있다. 팅크를 만드는 목적에 따라 오컬트적인 성질을 바탕으로(242페이지 참고) 식물을 고르는 데에서 시작하자. 알코올을 쓰기 싫으면 알코올 대신 글리세린으로 대체해서, 팅크가 아닌 글리세린제를 만들면 된다. 말린 식물에는 식용 글리세린과 증류수의 비율을 3 : 1로 사용한다.

준비물

취향대로 고른 신선한 식물 약 2컵 (말린 식물의 경우에는 반 컵)

적당한 길이의 끈(신선한 식물을 쓰는 경우)

막자사발과 막자

곡물 알코올 또는 보드카(약초용 병에 넣을 만큼)

뚜껑이 단단히 닫히는 병 2개(하나는 약초용, 다른 하나는 팅크용으로 쓸 것이니 용도에 맞게 크기를 고른다)

양피지(금속뚜껑이 달린 병을 쓰는 경우)

천

여과기 또는 거름종이

순서

1. 여러분의 행성과 행성시간에 대응하는 식물을 찾자. 작업에 맞는 행성시간 동안 준비를 한다.

2. 신선한 식물을 사용하는 경우 줄기를 끈으로 감은 다음 높은 곳에 매달아두어 말린다. 말린 식물을 사용하는 경우 다음 단계로 바로 넘어갈 수 있다. 행성시간에 맞추어 다음 단계를 시작하자.
3. 일단 식물이 마르면 팅크를 만드는 목적에 맞추어 기도를 하거나 명상을 하자.
4. 필요하다면 말린 식물을 손으로 작게 부순다(칼을 사용해서는 안 된다. 금속의 연금술적인 특성이 섬세한 식물의 신비한 힘을 압도할 수도 있다).
5. 말린 식물을 막자사발에 넣고 막자로 곱게 간다.
6. 갈아낸 마른 식물을 약초용 병에 넣는데, 병 높이의 3/4를 넘지 않도록 하자. 그다음 병을 알코올로 완전히 채운 뒤 밀봉하자(금속뚜껑이 달린 병이라면 밀봉하기 전에 병입구를 양피지로 덮는다. 병에 단긴 내용물이 금속에 노출되지 않게 하기 위해서다).
7. 병을 천으로 감싸서 어두운 곳에 놓는다.
8. 매일 또는 사흘마다 액체를 잘 흔들어 섞는다(병의 뚜껑이 금속이라면, 내용물이 뚜껑에 닿지 않게 조심하자).
9. 3주에서 6주 정도가 지나면, 거름종이로 액체를 걸러서 더 작은 병으로 옮기자. 팅크를 만든 목적에 따라 여러분이 참고한 자료에서 추천하는 양만큼 사용하면 된다.

오컬트의 연금술적 기반

연금술을 따라가는 우리의 여정은 과학과 역사, 그리고 실험실을 누볐다. 이해하기가 상당히 까다롭지만 연금술은 현대 오컬트에 꽤나 많은 부분에 숨어 있다.

- 『헤르메티카』는 연금술을 지식의 '세 기둥' 가운데 하나라고 불렀다.
- 대우주와 소우주 간의 신비로운 관계("위와 마찬가지로, 아래에서도")는 연금술을 영적 행위로 이해하는 근원이 된다.
- 유대인 여인 미리암은 이렇게 말했다. "남과 여는 함께해야 한다. 그러고 나면 무엇을 추구하는지 알게 되리니." 이는 핵심적인 오컬트의 원칙으로, 연금술에 관한 글을 한 번도 읽지 않은 사람에게도 중요하다(또한 오컬트 곳곳에서 남녀를 가르는 것에 질렸을 퀴어이거나 트랜스젠더인 오컬티스트들에게도 초월적이면서도 치유를 해주는 원칙이 될 것이다).

이 연금술적인 개념들은 오컬트 어디에나 존재한다. 이원성을 분리하고 초월하는 작업은 외부와 내면에서 동시에 벌어진다. 점성술과 연금술은 함께 우리가 우주와 지구를 이해하는 방식을 다시 만들어낸다. 숫자와 색깔에 대한 이해는 말할 것도 없다. 가장 단순한 위칸의 의식이나 가장 혼란스러운 카오스 마법에도 이러한 개념들의 흔적이 남아 있다.

כתר
1
חכמה
2
בינה
3
חסד
4
גבורה
5
תפארת
6
נצח
7
הוד
8
יסוד
9
מלכות
10

카발라

카발라는 수많은 오컬트 철학자들에게 필수적인 연구대상이다. 그러나 그 기원은 오컬트가 아닌 유대교에 있다.

카발라는 본래 유대교 신비주의였으며 여전히 그렇다. 카발라는 기원전 200년까지 거슬러 올라가는(학자들은 아직도 시기를 추정하고 있다) 가장 오랜 유대교 신비서인 『세페르 예치라』에서 시작되었다. (이 역시 학자들과 신비주의자들이 아직도 연구 중이지만) 카발라에 관한 가장 중요한 문서는 13세기 작품인 『조하르The Zohar』로, 스페인에서 유대인 지성주의가 꽃피던 시절에 만들어졌다. 이 치밀하고 복잡한 책은 여전히 카발라에 관해 다룬 가장 중요한 작품으로 남아 있다. 이 책을 집필한 모세스 데 레온Moses de León은 자신이 이를 '발견'했으며 2세기에 쓰인 것이라고 주장했다.

13세기 기독교 신비주의자 라몬 유이Ramon Llull는 카발라가 유대인을 기독교로 개종시켜줄 강력한 도구라고 보았지만, 기독교 카발라의 개념은 르네상스 시대 초기에 이르러서야 유행하기 시작했다. 중세 말과 르네상스 시대 초기는 강력한 반유대주의가 득세하던 시기임을 이해하는 것이 중요하다. 스페인에서 유대인들은 강제로 천주교로 개종하거나 엄청난 규모로 나라 밖으로 추방당했다. 기독교도들은 카발라를 유대교적 뿌리로부터 떼어 놓으려고 애쓰면서 카발라의 아름다움과 신비주의를 포용했다. 기독교 카발라는 여전히 '개종'을 목표의 일부로 삼았다.

'헤르메틱 카발라'는 이를 주제로 하는 서양의 오컬트 연구를 가리켰다. 이 역시 15세기의 산물로, 아그리파의 『세 권의 오컬트 철학』은 카발라를 점성술과 제식마법, 수비학 같은 오컬트 학문과 결합하는 데에 중대한 역할을 했다.

제7장에서 우리는 '황금여명회(혹은 '황금새벽'이라 부른다)'의 중요성을 다룰 예정이다. 이 마법결사를 통해 카발라는 완전히 '주류 오컬트(모순적인 표현이다)'에 들어왔으며, 카발라의 생명나무를 여러 오컬트 관행 중에서도 핵심적인 의례행위와 주술도구, 타로 등에 결합했다. 카발라는 오늘날까지 이 영향력 있는 마법결사와 수많은 분파를 통해 전해 내려오면서, 헤르메스주의를 이해하는 기본이 되었다.

그러나 카발라가 절대로 서양 마법에 속해서는 안 된다고 느끼는 사람들이 있다. 비유대인들이 유대인의 전통을 문화적으로 도용한 것이나 마찬가지라는 이유에서다. 이들은 기독교와 헤르메틱 카발라가 원래부터 의도적으로 유대인을 배척했다고 지적한다. 또한 오늘날에도 일부 헤르메스주의자들은 카발라가 고대 그리스에서 비롯되었으며 후에 유대인

이 이를 받아들였다고 주장한다. 이런 주장은 전혀 사실이 아니며, 오직 유대교가 신비주의 사상에 기여한 엄청난 몫을 지워버리기 위한 것이다.

나는 유대인이다. 그리고 이런 관점을 가진 유대계 오컬티스트들을 존중한다. 하지만 카발라는 서양 오컬트의 거의 모든 부분에 깊숙이 내재되어 있어서, 이를 제거한다는 것은 거의 물에서 수소를 제거하는 것과 같다. 즉, 절대 가능하지 않은 일이란 소리다.

대신에 나는 카발라를 공부하는 비유대인이라면 유대문화를 확실히 존중해달라고 제안하고 싶다(히브리어를 올바르게 발음하려고 노력하는 것도 포함이다). 유대인의 목소리에 귀를 기울이고, 반유대주의를 심각하게 받아들이며, 이와 맞서기 위해 제 역할을 다해주길. 유대인에게 유대인의 전통에 대해 설교를 늘어놓고 있다면, 그것은 분명 잘못된 일이다.

혹자는 이렇게 물을 수도 있다. "카발라를 연구하는 목적이 뭔가요?" 나는 '생명나무'라고 알려진 카발라의 일부를 (적어도 일부분이라도) 이해하지 못한다면, 서양의 오컬트를 정통한 방식으로 공부할 수 없다고 주장하고 싶다. 생명나무는 서양 오컬트의 구석구석까지 편재해 있기 때문이다. 좀 더 구체적으로, 생명나무를 공부해야 하는 이유는 다음과 같다.

- 형언할 수 없는 무한성의 광활함부터 우리가 살아가는 현실적인 자연의 세계까지, 우주와 창조를 이해하는 도구이기 때문이다.
- 육체에서 시작해 초월의 존재까지 반대 방향으로 흐르는, 자아를

이해하는 도구이기 때문이다("위와 마찬가지로, 아래에서도").

- 광범위한 의식들을 경험하는 과정에서 생겨나는 에너지의 상호작용을 이해하는 방식이기 때문이다. 그렇게 해서 그 경험들은 더욱 깊어진다.
- 일상생활에서 에너지의 상호작용을 이해하고, 인생에서 더 큰 힘을 얻고 조화를 이룰 수 있기 때문이다.
- 사실상 그 어떤 의식이나 주술행위에도 힘을 더할 수 있게 해주는 거대한 대응체계이기 때문이다.

이러한 목적들을 명심하고 더욱 자세히 알아보자.

카발라의 이해

헤르메틱 카발라를 이해할 때 핵심은 생명나무과 그 구성요소다. 카발라는 어떻게 접근하느냐에 따라 주술과 명상, 자기실현, 그리고 기도의 체계이기 때문에, 연구할 수 있는 분야가 광범위해진다. 그러나 기본은 상당히 수월히 배울 수 있다.

생명나무

생명나무라고 알려진 상형문자(160페이지 참고)는 『조하르』에서 처음 소개된 창조의 지도다. 생명나무는 다음과 같은 단순하지만 심오한 질문에서 시작되었다. "신이 무한하고, 광활하고, 완벽한 존재라면, 왜 그저 완벽한 채로 머물지 않고 굳이 우주를 창조했을까?" 신이 무한에서 뭔가 유한하고 현실적인 것을 향해 움직이는 과정에서, 우주는 조금씩, 그리고 서서히 생겨나게 되었다는 생각이 도출되었다. 창조는 결국에는 세상에, 그리고 우리에게 닿을 때까지 앞뒤로 움직이는 일종의 에너지의 흐름으로 보인다.

우리가 알 수 없는 무한하고 영원한 신의 완벽함은 나무의 일부가 아니다. 이는 나무를 뛰어넘은 저 바깥에 존재하며 '아인 소프Ain Soph(끝없는)'라고 한다. 가장 우주적인 단계에서부터 가장 세속적인 단계까지, 창조의 흐름에서 각 단계는 구(球)가 된다(히브리어로는 세피라Sephirah라고 부른다). 각 세피라는 특정한 종류의 에너지를 담는 그릇이다. 세피로트(세피라의 복수형)는 신과 현실, 그리고 자아의 양상이 된다.

10가지 세피로트

나무의 꼭대기에는 **케테르**Keter**(왕관)**가 있다. 케테르는 빅뱅보다 앞선 우주로, 분화되지 않은 만물이다. 아인 소프와 케테르 사이의 유일한 차이는 아인 소프는 설명하기조차 어려울 정도로 광범위하지만, 케테르는 창조할 수 있는 잠재력을 가졌기 때문에 나무 밑동에도 자리할 수 있다는 점이다.

그다음은 **호크마**Chokmah**(지혜)**다. (히브리어에서 'ch'는 목구멍 뒤쪽에서 소리를 낸다. 독일어 'Ach(아흐)'나 스코틀랜드어 'Loch(로흐)'와 비슷하다. 히브리어에는 '치즈'의 'Ch' 같은 발음이 없다) 호크마는 힘과 에너지, 그리고 끊임없는 움직임이며, 가끔은 남성, 즉 하늘에 계신 아버지로 본다.

세 번째는 **비나**Binah**(이해)**다. 비나는 형태와 모양, 그리고 한계이며 하늘에 계신 어머니다. 비나는 호크마를 담는 그릇이다. 미분화된 힘이 카오스고, 미분화된 형태가 정체라고 한다면, 이 둘이 함께할 때 가능성이 되고 우리가 발현할 수 있게 움직여준다.

헤세드Chesed**(자비 또는 자애)**는 무한한 사랑의 분출이다. 힘과 형태가 하나로 합쳐지고 창조를 향해 움직인다고 상상해보자. 왜? 사랑이니까. 넘쳐흐르고, 담을 수 없으며, 어마어마한 사랑이니까. 우리는 발현을 향해 움직인다. 하지만 헤세드 없이, 다시 말해 발현을 향한 무한하고 동정어린 사랑 없이는 창조가 일어나지 않는다.

게부라Gevurah**(힘)**는 판단하고, 법을 적용하며, 한계를 결정한다. 게부라와 헤세드는 '좋은 경찰'과 '나쁜 경찰'처럼 서로 작용한다. 한쪽은 오직 친절하게만 굴고, 다른 한쪽은 오직 규칙만 따른다. 너무 많은 헤세드는 응석을 다 받아주고, 너무 많은 게부라는 폭군처럼 군다.

티페렛Tipheret**(아름다움)**은 나무의 가장 중심부에 있다. 케테르와 말쿠트

사이 가운데쯤에 자리해서, 다른 모든 세피라와 맞닿아 있다. 티페렛은 헤세드와 게부라를 이어주고, 어떤 면에서는 호크마와 비나 사이도 이어준다. 티페렛은 죽음과 부활, 반대되는 것들의 영광스러운 화합, 그리고 양극단의 균형으로 이루어내는 완벽한 조화다.

네자흐Netzach**(승리)**는 친절함과 인내다. 네자흐는 연결과 열정, 그리고 내어줌을 강조하지만, 호크마와 마찬가지로 네자흐의 에너지는 형태가 없다(호크마와 네자흐는 수직으로 정렬되어 있다).

호드Hod**(광채)**는 네자흐에 형태를 부여한다. 네자흐의 욕망과 연결을 받아들여 형상화한다. 호드는 행동하고 소통하며 자아를 실현하는 것이다. 호드는 자아이자 합리성, 그리고 배움이다.

예소드Yesod**(기초)**는 네자흐와 호드를 중재하고, 위에 있는 티페렛과 아래에 있는 세계(말쿠트)를 이어준다. 예소드는 꿈, 무의식, 그리고 의식을 위한 트랜스다.

말쿠트Malkut**(왕국)**는 세계이면서도 세계가 아니다. 나무는 우리를 창조로 이끌지만 말쿠트는 하느님의 존재와 함께하는 창조다. 일상적인 삶은 정확히는 말쿠트가 아니다. 그러나 평범한 하루를 보내다가 잠시 멈추어 영적인 대화를 나눈다면, 그 대화로 인해 생겨나는 불꽃은 말쿠트다. 말쿠트의 다른 이름은 **셰키나**Shekinah다. 셰키나는 나무의 여신이며 평범한 지구가 조금이라도 고매해질 때마다 이 여신이 나타난다.

방금 설명한, 세피로트를 따라 위에서 아래로 흐르는 여정이 '번개'라고 알려져 있으며, 이는 신에서 인간으로 이어지는 전통적인 경로다. 또 다른 여정은 소우주에서 대우주를 향해, 다시 말해 위를 향해 간다. 위를 향하는 동안 의식을 확장하고 싶은 욕망(말쿠트)이 현실에서 일어나는데, 이 말쿠트는 명상과 트랜스, 그리고 무의식적 정신의 노력(예소드)으로 달성할 수 있다. 이는 자신에 대해 더욱 깊어진 이해(호드), 그리고 다른 사람들과의 더 심오한 연결감(네자흐)으로 이어진다. 이쯤에서 진정한 '우주의식'의 가능성이 보이기 시작하고, 만물이 서로 연계되어 있음을 느끼기 시작하며, 고귀한 감각(티페렛)을 경험할 수 있다. 이런 관점에서 보면, 여러분은 이 세상의 부당함(게부라)을 인지하게 되고, 모두를 향한 자애(헤세드)가 넘쳐나게 된다.

대부분의 오컬티스트들은 언젠가 죽어야만 하는 육체를 가진 인간이 경험할 수 있는 가장 고귀한 것이 헤세드라고 말한다. 나무 꼭대기에 있는 세피로트는 진정으로 초월적이며 인간이 도달할 수 없는 곳이다. 우리는 오직 그곳을 향해 손을 뻗어보고, 또 그에 대해 다음을 고심해볼 수 있을 뿐이다. 우선, 우주의 모습 자체에 대해 애정이 듬뿍 담겼으면서 섬뜩한 개념인 무한한 자궁, 그리고 운명 그 자체인 억제다. 그러고 나서는 우주의 힘에 대한 압도적인 개념인 에너지의 무한한 확장이다. 마지막으로 이런 것들을 있게 한 유일성이다.

이제 생명나무를 좀 더 자세히 살펴보자.

삼위일체

생명나무의 상형문자를 살펴보자(160페이지 참고). 밑 부분에 홀로 매달린 말쿠트와 뚜렷이 분리된 삼각형 세 개로 이루어졌음을 볼 수 있다. 각 삼각형은 힘과 형태, 확대와 축소 사이에서 만들어지는 일종의 변증법이며, 중심부에는 통합과 균형이 자리한다. 가끔은 왼쪽과 오른쪽에 성별이 부여되기도 한다.

- 케테르-호크마-비나로 이루어지는 **천상의 삼위일체**는 가장 순수하고 가장 우주적인 특성을 지닌 힘과 형태이며, 그 합은 창조의 근원이 된다. 호크마와 비나는 아버지와 어머니라 불리지만, 우리는 이 둘을 근본적으로 하나라고 이해해야만 한다.
- 헤세드-게부라-티페렛으로 이루어진 **윤리의 삼위일체**는 사랑의 힘과 법의 형태를 통해 천상에 형상을 부여한다. 헤세드는 확장하고 자유를 준다면, 게부라는 구조를 세우고 제한한다. 그러나 진실은 둘을 중재하는 데에 깃들어 있다(티페렛).
- 네자흐-호드-예소드로 이루어진 **마법 또는 별의 삼위일체**는 인간의 의식에 가장 가깝다. 그리고 상호작용과 개별화가 시작됨을 표현한 것이기도 하다. 욕망이 가진 힘과 자아의 형태는 무의식적인 마음속에서 생겨난다. 이 셋은 가장 인간다운 세피로트로, 우리를 말쿠트로 데려가준다.

다아트

생명나무의 그림을 다시 살펴보면 천상의 삼위일체와 윤리의 삼위일체 사이에 빈 공간이 하나 보일 것이다. 그곳에는 '보이지 않는' 세피라가 자리하고 있는데, 생명나무 그림 대부분에서 아무것도 없이 비워진 그 자리를 다아트Da'at(지식)라고 부른다. 다아트는 모든 세피로트가 통합된 듯 완성된 지식이며, 그로부터 지혜와 지식이 발현된다.

몇 가지 이유로 다아트는 생명나무에서 제외되었다. 우선은 『세페르 예치라』에서 11개가 아닌, 정확히 10개의 구가 있어야 한다고 말했기 때문이다. 두 번째로, 다아트는 이브가 에덴정원에서 딴 사과를 대표하며, 따라서 더 이상은 나무에 달려 있지 않기 때문이다. 세 번째로, 다아트는 나무를 완성하지만 우리는 완성되지 않았기 때문이다. 다아트가 있는 나무는 완성된 우주다. 반면에 우리의 우주는 그 안에 해악을 품은 우주다.

앞서 언급했듯 인간의 의식은 네 번째 세피라 위로 올라갈 수 없다. 천상의 삼위일체 아래에 있는 텅 빈 공간은 '심연'으로, 그 공간을 가로지를 수는 없다. 다아트는 현실적으로는 약간의 문제가 있다. 인간은 자신의 이익에 반하는 행동을 한다. 우리는 무엇을 해야 할지 알지만(비나, 이해) 하지 않는다. 다아트(적용된 지식)는 우리가 아는 것을 바탕으로 행동하는 것이다. 그렇게 하길 거부하는 일이 인간의 조건이다. 다아트는 그곳에 있는 '심연' 때문에 눈에 보이지 않는다.

기둥

생명나무는 우뚝 선 기둥 세 개가 있다. 공의의 기둥, 자비의 기둥, 그리고 온화의 기둥이다. 공의의 기둥은 왼쪽인데, 비나와 게부라, 호드로 이루어진다. 이 기둥은 형상의 통로로, 억누르고, 제한하며, 가끔은 여성적이라고 불린다. 자비의 기둥은 오른쪽인데, 호크마와 헤세드, 네자흐로 이루어진다. 이는 힘의 통로로, 확장하고 활동하며, 남성이라고 불린다. 가운데 기둥은 온화의 기둥으로, 케테르와 티페렛, 예소드와 말쿠트, 그리고 다아트까지 포함한다. 이는 균형의 통로로, 이분법을 극복하고 차이를 중재한다.

네 개의 세계

각각의 세피라는 네 개의 세계에서 네 개의 레벨로 퍼진다. 앗칠루트Atzilut는 불의 세계로, 신에게 가장 직접적으로 접근할 수 있는 곳으로 여겨진다. 브리야Briyah는 헤르메틱 카발라에서 물과 감정, 경험, 직관에 해당하지만, 유대교 카발라에서는 공기, 정신, 그리고 순수한 생각에 해당한다. 예치라Yetzirah는 헤르메틱 카발라의 공기이자 유대교 카발라의 물이다. 아시야Assiyah는 흙의 세계로, 창조의 육체적인 단계다.

통로

생명나무는 세피로트 사이를 잇는 22개 통로를 보여준다. 이는 우리가 나무를 이해하기 쉽게 좀 더 미묘한 차이를 더해준다. 예를 들어, 단순히 비나나 게부라만 존재하는 것이 아니라 그 사이의 통로는 둘의 에너지가 만나고 섞이는 곳이다. 각 통로는 히브리어의 22개 문자와 하나씩 대응된다.

대응

카발라는 모든 현실을 묘사하고 있기 때문에 거의 무한에 가깝게 대응시킬 수 있다. 앞의 장들에서 살펴보았듯 대응은 의식과 주술, 이해를 강하게 도와주는 조력자다. 다음 장에서 살펴보겠지만 특히나 헤르메스학은 다양한 문화들을 받아들이고 혼합해서 혁신적으로 만들어낸 카발라의 대응체계다.

세피라	행성	색깔	숫자	대천사
케테르	"우주 소용돌이"	하얀색	1	메타트론
호크마	12궁도	회색	2	라치엘
비나	토성	검은색	3	자프키엘

세피라	행성	색깔	숫자	대천사
헤세드	목성	파란색	4	자드키엘
게부라	화성	빨간색	5	카마엘
티페렛	태양	노란색	6	라파엘
네자흐	금성	초록색	7	하니엘
호드	수성	주황색	8	미카엘
예소드	달	보라색	9	가브리엘
말쿠트	지구	담황색, 황록색, 적갈색, 검은색 (4등분된 원으로 보인다)	10	산달폰

카발라의 형태

우리가 배웠듯 카발라의 유대계 전통은 고대까지 거슬러 올라간다. 생명나무는 13세기 『조하르』에 처음 등장했다. 이러한 신비주의 형태는 궁극적으로 기독교와 헤르메스주의라는 파생물을 낳았다. 이미 이 부분들을 다루었으나 이번에는 좀 더 멀리 나가보자.

유대교 카발라

'카발라'라는 단어는 전통 또는 '받는다'라는 의미가 있다. 이는 창조의

내 몸의 생명나무

이는 내가 종종 하는 명상으로, 시간을 들일수록 점점 더 쉬워지는 활동이다. 우주와 그 우주의 에너지는 여러분의 일부다. 둘 사이를 의식적으로 연결할 때 변화를 가져올 수 있다. 이 명상을 규칙적으로 하면, 그동안에는 인지하지 못했던 연결을 결국 느끼게 될 것이다.

주의: 내 몸의 생명나무는 바깥쪽에서 바라보는 것이므로, 호크마와 헤세드, 네자흐가 여러분 몸의 왼쪽에 있게 된다(160페이지 참고).

순서

1. 숨을 깊숙이 쉬면서 자신에게 집중한다.
2. 머리 꼭대기에 하얀색 구가 떠다니는 모습을 떠올리자. 그리고 "케테르, 왕관"이라고 말하자.
3. 얼굴 왼쪽에 회색 구가 떠다니는 모습을 떠올리자. 그리고 "호크마, 지혜"라고 말하자.
4. 얼굴 오른쪽에 검은색 구가 떠다니는 모습을 떠올리자. 그리고 "비나, 이해"라고 말하자.

5. 왼쪽 팔을 짙은 파란색으로 떠올리자. 그리고 "헤세드, 자비"라고 말하자.
6. 오른쪽 팔을 빨간색으로 떠올리자. 그리고 "게부라, 힘"이라고 말하자.
7. 명치를 밝은 노란색으로 떠올리자. 그리고 "티페렛, 아름다움"이라고 말하자.
8. 왼쪽 다리를 에메랄드 초록색으로 떠올리자. "네자흐, 승리"라고 말하자.
9. 오른쪽 다리를 오렌지색으로 떠올리자. "호드, 광채"라고 말하자.
10. 외음부를 짙은 보라색으로 떠올리자. "예소드, 기초"라고 말하자.
11. 각각 담황색, 황록색, 적갈색, 검은색으로 4등분된 원 위에 서 있는 모습을 떠올리자. "말쿠트, 왕국"이라고 말하자.
12. 이제 단계를 거꾸로 거슬러, 말쿠트, 예소드, 호드, 네자흐, 티페렛, 게부라, 헤세드, 비나, 호크마, 케테르를 떠올리고 말하자.
13. 이후의 무한함을 상상하며 명상을 끝낸다.

구성요소로서 히브리어의 숫자와 글자가 가지는 초월적이고 신비주의적인 의미를 연구하는 것이다. 우리는 제4장에서 게마트리아를 살펴보았다. 게마트리아는 글자 자체가 하느님에게서 나왔으며 따라서 이 글자들이 이루는 단어와 숫자는 하느님에게로 가는 통로가 될 수 있다는 점에서 효력을 발휘한다고 여긴다.

유대인들은 1492년 알함브라 칙령 때문에 스페인에서 쫓겨났고, 5년 후에는 포르투갈에서도 추방되었다. 추방된 이베리아 반도의 신비주의자들은 오늘날의 이스라엘에 있는 도시 제파트에 정착한다. 이곳에서 몇 년 후 랍비 이삭 루리아는 『조하르』가 세계를 치유할 수 있는 거룩한 삶으로의 안내서라고 재해석했다.

초창기 카발라주의자들 중 다수가 연금술사였다. 신비로운 방법으로 세상을 치유한다는 개념은 카발라와 연금술에서 모두 공유한다. 연금술사는 변환을 통해 세상을 치유하고, 카발라주의자는 미츠보트Mitzvot를 행함으로써, 다시 말해 십계명을 충족함으로써 세상을 치유한다. 초창기 카발라주의자들은 심지어 금속을 세피로트에 대응시켰다.

유대교 카발라주의자들은 가끔 오컬트에 반대한다. 주술과 점은 유대교에서 오랫동안 금지되어왔다. 카발라를 주술과 점에 활용하는 "실용 카발라"가 한때 행해졌으나, 이삭 루리아가 이를 금했으며 오늘날 유대교에서 일반적인 부분은 아니다.

소개합니다

이삭 루리아

이삭 루리아(Isaac Luria, 1534~1572)는 하-아리('사자'라는 의미)로도 알려져 있는데, 예루살렘에서 태어나 이집트에서 자랐다. 15세의 나이에 이미 위대한 학자가 되었고, 사촌과 결혼했다. 22세부터는 신실하게 신비주의를 따르는 삶을 살았고, 제파트로 이주해 『조하르』의 권위자인 모세스 코르도베로와 함께 연구했다.

루리아가 세상을 떠난 뒤 랍비 하임 비탈은 루리아의 글을 모아 『에츠 하임(Etz Chayim; 생명나무)』을 펴냈다. 루리아의 혁신적인 개념에는 미츠보트를 통해 세상을 치유한다(Tikkun Olam; 티쿤 올람)거나 하느님이 세상을 창조하기 위해 계약을 맺었다(Tzimtzum; 침춤)는 개념, 그리고 악마가 성스러운 빛을 파괴하며(Shevirah; 세비라) 이 세상에 들어왔다는 개념 등이 있다. 제파트에 있는 루리아의 무덤은 성지로 꼽힌다.

기독교 카발라

기독교 카발라(Christian Kabbalah, 가끔은 'Cabala'라고 쓰기도 한다)에서 예수와 기독교가 생명나무 위에 위치하고, 이를 예수의 삶이라고 해석하기도 한다. 여기에서 케테르는 성령이고, 호크마는 성부이며, 비나는 성모, 티페렛은 예수다. 기독교 카발라는 르네상스 시대에 헤르메틱 카발라로 흡수되었고, 오늘날 별개의 운동으로 존재하지는 않는다. 다만, 일부 수행자들은 예수와 생명나무를 연결하는 것에 흥미가 있다.

헤르메틱 카발라

앞서 언급했듯 헤르메틱 카발라(Hermetic Kabbalah, 가끔은 'Qabalah'라고 쓰기도 한다)는 이 주제를 다루는 서양 오컬트의 연구를 가리킨다.

- 헤르메틱 카발라는 혼합주의적인 체계로, 유대교 카발라를 가져와 이집트 주술과 이교주의, 타로, 그리고 딱히 정해지지 않은 거의 모든 것에 대응시킨다.
- 생명나무를 더욱 강조한다. 유대교 카발라에서는 분명 생명나무를 중시하지만, 게마트리아와 다른 연구도 강조하며 생명나무는 그저 그 가운데 일부분일 뿐이다. 반면에 헤르메틱 카발라에서 생명나무는 거의 모든 것에 초점을 맞추고 있다.
- 명상과 주술 모두 헤르메틱 카발라의 목적이 된다.

소개합니다

디온 포춘

디온 포춘(Dion Fortune, 1890~1946)은 오컬티스트이자 작가, 마법사, 트랜스 영매, 그리고 내면의 빛 형제회(Fraternity of Inner Light)의 창립자다. 노스 웨일스에서 태어났고, 본명은 바이올렛 퍼스다. 가훈인 "데오, 논 포르투나(Deo, Non Fortuna, '운이 아닌 신의 뜻')"에서 필명을 따왔다.

포춘은 신지학에서 영적인 훈련을 시작했고, '주 예수'를 포함해 '승천한 스승들'과 트랜스로 접촉했다고 보고했다. 1919년 황금여명회의 분파인 '알파와 오메가(Alpha et Omega)'에 가입했고, 여기에서 제식마법과 카발라를 광범위하게 훈련하면서 걸작 『미스티컬 카발라(The Mystical Qabalah)』를 내놓았다. 포춘의 많은 저서들은 여전히 오컬트와 이교주의, 그리고 위카에 깊은 영향을 미치고 있다.

카발라 활용하기

지금까지 카발라에 대한 논의는 주로 신비주의와 종교에 상당히 초점을 맞추어왔다. 그러다 보니 이게 정확히 오컬트인지 궁금해 하는 이도 있을 수 있다. 카발라의 주된 '활용'이 수동적인 것, 즉 명상과 사색인 것은 분명 진실이다. 그러나 카발라도 마법에 등장한다. 이제 한번 살펴보자.

의식과 마법에서의 세피로트

제3장과 제4장에서 우리는 행성들이 의미 있는 에너지를 가졌음을 배웠다. 예를 들어, 인생에 사랑을 불러오기 위해서는 금성의 에너지를 구해야 한다. 소통을 강화하려면 수성과 연결되어야 한다. 카발라적 대응은 세피로트를 통해 행성의 에너지에 접근하게 해준다. 172~173페이지에서 보여주는 것처럼 네자흐는 금성, 호드는 수성에 대응한다.

소개합니다

이스라엘 레가르디

이스라엘 레가르디(Israel Regardie, 1907~1985)는 작가이자 오컬티스트, 그리고 제식마법사다. 유명 오컬티스트 알레이스터 크로울리의 부하이자 권위서 『황금여명회(The Golden Dawn)』의 저자로 가장 널리 알려져 있다. 또한 카발라에 관한 중요한 책 두 권을 쓰기도 했다.

런던에서 그리스 정교회 신도인 부모 밑에서 태어난 레가르디는 10대 시절 정통 유대교를 거부하고 일생을 오컬트와 신비주의를 탐색하며 보냈다. 신지학에 흥미를 가졌고, 장미십자단의 단원이었으며 황금새벽의 분파인 스텔라 마투티나(Stella Matutina)에 입회하기도 했다. 말년에는 심리학에 관심을 가졌고 척추지압사가 되었다. 레가르디는 아리조나주 세도나에서 사망했다.

대응체계는 방대하다. 세피라를 깊이 이해함으로써 숫자와 색깔, 형상, 상징, 대천사, 행성 등을 가지게 된다. 어떤 구 안에서 명상을 하면, 그 구의 지혜가 여러분에게 발현되고, 이는 다시 그와 연결되어 여러분이 행하는 마법과 의식을 심화시켜준다.

패스워킹

패스워킹은 카발라주의 명상수련법으로, 마음으로 생명나무를 횡단하는 것이다. 생명나무 위로 번호를 매긴 통로 가운데 하나를 특정한 방향으로 걷는다. 그 방법은 다음과 같다. 예를 들어, 말쿠트에서 시작해보자. 여러분이 머물고 있는 둥근 공간에서 4분의 1씩 차지하고 있는 각각의 색깔을 확실히 살펴보자. 그 후 그 공간을 떠나 예소드로 통하는 통로를 따라 횡단한다.

단체로 패스워킹을 할 때는 경전을 소리 내어 읽는다. 홀로 패스워킹할 때는 보통 경전을 녹음한 뒤 명상의 단계에 접어들 때 이를 재생하는 방식으로 진행된다.

패스워킹은 제식마법에서 깨우침에 도달하는 '위대한 작업' 중 일부로 간주한다. 그리고 일부 마법제도에 입문하기 위한 자격요건이기도 하다.

필수적인 카발라 경전

카발라는 단연코 책 읽기 좋아하는 사람들을 위한 오컬트다. 훌륭한 도서관은 카발라를 공부하는 데에 필수다. 다음과 같은 책들로 시작하길 권한다.

디온 포춘의 『미스티컬 카발라』는 정말 대체 불가한 책이다. 포춘의 글은 인종차별과 반유대주의, 동성애 혐오까지 피력하고 있으나, 오컬트에 대한 이해는 너무나 깊고 그 영향력이 커서, 거의 90년이 지난 오늘까지도 가치가 있다. 세피로트와 세피로트가 서로 연결되어 있는 방식을 이해하기에는 최고의 책이다.

이스라엘 레가르디의 『석류의 정원(A Garden of Pomegranates)』. 레가르디는 20세기 초반 오컬트를 부활시킨 포춘과 동시대인이다. 이 책은 카발라를 깊숙이 파고 들었고, 의식과 연습문제, 그리고 게마트리아에 대한 탐구까지 모두 담고 있다. 이 책은 오컬트에 대한 돌파구가 되었다.

데이비드 S. 아리엘의 『미스틱 퀘스트: 유대교 신비주의 입문서(Mystic Quest: An Introduction to Jewish Mysticism)』는 유대인의 관점에서 카발라를 탐구해보고 싶은 이들을 위한 책이다.

잭 차넥의 『위칸을 위한 카발라: 이교도의 길을 위한 제식마법(Qabalah for Wiccans: Ceremonial Magic on the Pagan Path)』은 독특한 틈새시장을 채운다. 이 주제를 다룬 책은 이것 외에 하나도 없으니까! (내가 이 책의 서문을 썼다)

돌로레스 애시크로프트-노위키(dolores ashcroft-nowicki)의 『빛나는 길(Shining Paths)』은 패스워킹을 주제로 다루는 현존하는 책 가운데 최고다.

저스틴 슬레지 박사의 에소테리카(Esoterica) 유튜브 채널 역시 카발라와 연금술, 그리고 온갖 종류의 서양 오컬트 주제를 배울 수 있는 매우 유용하고 박식하며 재미있는 정보원이다. 더 많은 것이 궁금하다면 JustinSledge.com을 참고하자.

마법에서의 카발라: 숫자, 색깔, 상징

온라인 지침서(240페이지 참고)에 실린 '마법에 숫자 추가하기' 연습은 마법주문에 숫자를 추가하는 다양한 방식을 탐구해보는 활동이다. 그 방식은 촛불의 숫자부터 말의 숫자까지, 여러분의 상상력이 닿는 한 무엇이든 될 수 있다. 카발라는 이를 몇 배나 늘려준다. 다시 한번, 네자흐를 예로 들어 시작해보자. 숫자는 7, 색깔은 초록색, 그리고 대천사는 하니엘, 그리고 행성은 금성이 된다.

나는 금성의 행성 에너지에 접근하면 여러분의 인생에 사랑이 온다고 설명한 바 있다. 카발라에서 이는 네자흐에 해당한다. 네자흐와 관련한 전형적인 주술활동으로는 행성의 상징과 히브리어로 하니엘이라고 쓴 초록색 액막이 부적을 만드는 것이 있다. 신의 이름, 이교도 신, 향을 생명나무에 대응시킬 수 있고, 타로에서도 마찬가지다(제8장을 보자). 네자흐의 경우 타로에서 7번 카드(활동에 적합한 카드라면 무엇이든 괜찮다)를 두고 명상을 하는 동안 장미향을 태울 수도 있다.

마법분야의 카발라

우리는 카발라로 알려진 유대교 신비주의가 기원전 200년 혹은 그 이전에 시작되었으며, 그 후 비유대계 지지자들을 끌어모으기 시작했다는 것을 알게 되었다. 오컬트 관행 곳곳에는 카발라와의 연결점이 여럿 존재한다.

- 1531년 『세 권의 오컬트 철학』이 출간되면서 오컬트 사상에서 헤르메틱 카발라가 지위를 공고히 하게 되었다. 지난 500년 동안 카발라를 전혀 연구해보지 않은 진지한 오컬트주의자를 찾아보기란 거의 불가능할 것이다.
- 여러 마법의 롯지들은 카발라를 연구대상으로 삼는다(제7장 참고).
- 타로는 한 세기 이상 카발라에 노골적으로 엮여왔다.
- 오컬티스트들은 천사를 소환하거나 테트라그라마톤Tetragrammaton(히브리어에서 하나님을 가리키는 네 글자)을 주술부적 위에 쓰는데, 이는 모두 카발라에서 비롯되었다.
- 오컬트에서 비롯된 속어조차 생명나무에서 영향을 받았다. '좌

도 Left Hand Path'와 '심연 The Abyss' 등은 오컬트 대화에 일상적으로 등장하며, 심지어 사람들은 그 이야기가 카발라에 관한 것인지 모르고 있기도 한다.

처음에 카발라를 발생시킨 유대교 신비주의는 다른 신비주의 관행들로부터 동떨어져 있지 않았고, 카발라는 오컬트 철학의 다양한 요소들이 들어와 짝지으며 탄생한 위대한 열매다. 원래부터 헤르메스 철학의 일부는 아니었을지언정 카발라는 자연스레 제자리를 찾은 셈이다.

제식마법

제식마법이란 무엇인가? 잘 알려진 제식마법사(이자 내 친구인) 도널드 마이클 크레이그(뒤에 다시 등장한다)는 마법은 모두 똑같은 마법이라며 이 용어를 싫어했다. 그럼에도 '제식', '의식' 또는 '고급' 마법은 보통 '자연' 또는 '하급' 마법과 구별된다.

제식마법Ceremonial Magic, CM은 주로 영적 존재를 소환하면서 마법을 행하는 의식적이고 구조적인 방법이다. 이 용어는 1969년 하인리히 코넬리우스 아그리파의 연구를 번역하는 과정에서 탄생했는데, 'The partes of ceremoniall Magicke be Geocie, and Theurgie'라는 부분이었다. 다시 말해서, 제식마법은 게티아Goetia와 강령으로 구성된다는 의미다. '게티아'는 악마와 심령의 소환을 의미하고, 강령은 신과 더 높은 지위의 천사들을 소환하는 것이다.

머릿속에 제식마법의 이미지를 떠올린다면, 아마도 르네상스 시대에 로브를 입고 수염을 기른 마법사가 불가사의한 상징들이 그려진 원 안에 서서 칼을 휘두르는 모습 따위일 것이다. 딱히 현실과 거리가 먼 그림은 아니다. 오늘날 우리가 아는 한 제식마법은 르네상스 시대에 일어났다.

마법은 마도서 전통의 시작과 함께 눈에 띄게 '의식절차'를 갖추게 되었다. 마도서는 마법주문과 의식, 설명, 그 외에 잡다한 것들이 담긴 마법 교과서다. 이 책은 중세시대부터 등장하기 시작했다. 12세기부터 15세기 사이에 이름을 널리 알린 마도서로는 『호노리우스의 서약서The Sworn Book of Honorius』, 『피카트릭스Picatrix』, 『솔로몬 왕의 크고 작은 열쇠The Greater and Lesser Keys of Solomon the King』 그리고 『마법사 아브라멀린의 신성한 마법의 책The Book of the Sacred Magic of Abramelin the Mage』 등이 있다. 이 책들에는 땅에 원을 그리고 악마를 불러오는 방법 등 우리가 제식마법이라고 부르는 전형적인 사례들이 실려 있다.

마도서는 19세기 후반 오컬트가 부활하면서 계속 만들어졌다. 이를테면 1801년 출간된 프랜시스 바렛의 『마술사The Magus』가 있다. 아그리파가 쓴 『세 권의 오컬트 철학』의 표절일 뿐이라고 폄하를 받으면서도 오컬트 사회에서 영향력을 발휘했고, 황금여명회의 근거문서로 여겨진다.

1700년대까지 아그리파가 영향력을 미쳤다는 것은 제식마법이 헤르메스주의다운 동시에 카발라답다는 의미다. 연금술뿐 아니라 헤르메스학과 카발라는 모두 장미십자단으로 알려진 신비주의 결사단 때문에 한층 가까워졌다. 장미십자단은 고대의 은밀한 지혜에 접근할 수 있다고 주장한 비밀단체로, 17세기에 생겼다. 장미십자단은 그동안 여러 부침을 겪었음에도 여전히 AMORCAncient Mystical Order Rosae Crucis의 형태로 존재하고 있다.

18세기 후반과 19세기에는 오컬티스트들이 연구하는 신비주의 종교 철학이 등장했고, 특히나 그중에는 신지학(190페이지 참고)과 스베덴보리주의SwedenBorgianism(엠마뉴엘 스베덴보리의 가르침을 바탕으로 한다)가 있었다. 가장 중요하게는, 이 시기에 가장 위대한 마법사 엘리파스 레비가 나타났다. 레비는 카발라에 최초로 타로를 연결한 사람으로, 마도서들을 가지고 광범위하게 연구했으며 마법에 관한 중요한 책들을 썼다. 레비는 황금여명회를 세운 마법사들에게 심오한 영향을 미쳤다. 레비의 영향력은 오늘날까지도 느껴진다.

황금여명회나 그 분파 등 유력한 결사들의 마법사들은 거의 모두 신지론자, 장미십자단원, 프리메이슨, 또는 동시에 여러 곳에 소속되어 있었다. 그리하여 초창기 단체들은 우리의 연구에서 중요한 위치를 차지하게 되었고, 더 많은 현대 제식마법사들이 활동할 수 있는 배경을 마련해주었다.

17세기부터 오늘날까지 여러 (아마도 대부분의) 제식마법사들은 '롯지lodges'나 이와 유사하게 구성된 조직에서 연습을 한다. 이것은 프리메이슨의 영향력을 강조한다.

프리메이슨은 어디에서 비롯되었는가? 바로 '동직길드'다. 프리메이슨은 12세기에 돌쌓기나 제본, 빵 굽기 같은 노동을 위한 교역집단에서 시작되었다. 메이슨들은 비교적 실용적인 서비스들에 대한 수요가 점차 줄어들면서, 제례의식들과 신비주의적인 전통들, 그리고 비밀스러운 맹세 등을 개발해나갔다. 현대의 프리메이슨은 여전히 의식 중에 석공의 상징을 남겨두고 있다. 그럼에도 불구하고 중요한 것은 마법사들에게 미치는 프리메이슨의 영향력이다. 프리메이슨의 롯지가 갖춘 구조는 마법의 롯

소개합니다

헬레나 블라바츠키

헬레나 페트로브나 블라바츠키(Helena Petrovna Blavatsky, 1831~1891)는 현재의 우크라이나 지역에서 태어났고, 이름은 헬레나 페트로브나 한이었다. 신지학협회의 공동창설자로, 신지학협회는 힌두교와 서양 신비주의를 결합한 종교인 신지학의 개념을 발전시키는 것을 목표로 삼았다. 블라바츠키는 『베일을 벗은 이시스(Isis Unveiled)』와 『비밀의 독트린(The Secret Doctrine)』의 저자로, 귀족의 집안에서 태어났지만 심령주의를 공부했으며, 자신을 영매로 훈련시켜준 티벳의 영적 '대스승들'과 연을 맺고 있다고 주장했다.

블라바츠키는 사기라고 여겨지는 내용들을 주장하면서 평생을 논란 속에 살았지만, 엄청나게 많은 추종자들을 거느렸다. 인도에서 특히 추앙받았지만, '카르마의 제왕'이라는 용어를 만들어낸 것은 비난을 받았다(힌두 철학을 지나치게 서양인의 관점으로 해석했다는 이유에서였다).

지가 가진 구조와 딱히 다르지 않으며, 입회단계와 비밀의 서약, 신성한 도구, 그리고 비밀암호 등은 공통적인 특징이다.

이 모든 것이 1888년 황금여명회의 창설로 이어진다. 제식마법의 관행은 점성술, 연금술, 헤르메스학, 카발라, 마도서, 롯지의 구조 등 우리가 지금까지 읽어온 모든 것들의 영향력이 총망라된 것이다. 고작 12년 정도만 유지되었으나 황금여명회의 영향력은 오늘날 마법의 관행 전체에서 느낄 수 있다. 좀 더 자세히 살펴보자.

제식마법의 이해

제식마법은 특정한 원칙들을 고수하고, 특정한 규칙들을 따르며, 특정한 철학의 체계 안에서 존재한다. 우리는 이 원칙들을 살펴보면서 몹시도 광범위하고 복잡한 이 주제에 접근해볼 수 있다.

"위와 마찬가지로, 아래에서도"

이 책에서 이 개념을 여러 차례 반복해왔다. 이 개념은 헤르메스학과 그로부터 파생되는 마법의 핵심이다. "위와 마찬가지로, 아래에서도", "우주와 마찬가지로, 영혼도." 우리는 우리 마음속에 형성되는 마법의 원 또는 명상의 사원 안에서 우주의 소우주를 창조할 수 있다. 위와 아래는 서로를 비추어주는 거울이며, 따라서 작은 의식으로 세상을 바꿀 수 있다.

강령

제1장에서 언급했듯 한 세기 이상 '고급마법'은 거의 다 강령, 즉 신이나 더 고귀한 존재와의 교감과 관련되어 있었다. 텔레마(200페이지 참고)에서는 강령을 '성스러운 수호천사의 지식과 대화'라고 부른다. 마도서의 전통과 게티아의 대부분은 보물을 찾는다거나 정치권력을 얻는다거나 투명인간이 되는 것처럼 여러 눈에 보이는 성과들을 중시하는 반면에, 적어도 황금여명회의 시대에 시작된 제식마법 대부분은 오롯이 심리영성적인 것을 목표로 한다.

힘의 근원

제식마법은 마법사가 힘의 근원에 접근하기 때문에 작동한다고 여겨진다. 올바른 행성시간에 도구를 만들고 마법을 행해야 하며(행성에서 나오는 힘), 적절한 재료를 사용하고(재료의 특성에서 나오는 힘), 적절한 주문을 외워야 한다(그 말에서 나오는 힘).

따라서 제식마법사들은 점성술과, 어쩌면 일부 연금술도 잘 알고 있다. 적어도 특정한 금속과 기타 재료들이 고유의 힘을 가지고 있음을 알

만큼 안다. 이들은 마도서를, 아마도 여러 언어로 읽을 수 있을 만큼 배운다. 오늘날의 마법사는 라틴어와 히브리어, 그리스어를 알지 못한다 하더라도 소환의 의식에서 이 언어들로 발음할 줄은 알아야 한다.

잠시 계급이 만들어내는 장벽에 주목해보자. 적합한 재료들이 비쌀 수도 있고, 정확한 시간대를 지키기 위해서는 여가가 있어야 한다. 그리고 희귀한 서적들을 구하는 문제도 있다. 르네상스 시대의 마법사들은 같은 시기의 토속주술사들과는 전혀 동떨어진 사회계급에 속했다.

천사, 악마, 그리고 다른 혼들

제식마법은 성경을 참고하다 보니 유대교나 기독교에 뿌리를 두고 있는 것처럼 보일 수도 있다. 그러나 제식마법은 종교가 아니다. 제식마법으로 불러내는 존재는 숭배의 대상이 아니다. 이 존재들은 거의 도구로 사용되며, 하나님의 이름이 의식의 일부에 등장할 때조차 그렇다.

천사와 악마는 성경보다 앞서 등장하며 고대 근동의 종교들에서 탄생했다. 성경과 코란에 등장하는 천사와 악마에 대한 언급은 신약성서외전과 탈무드, 카발라, 그리고 이슬람 신화까지 널리 확장된다. 다른 심령들은 올림포스 산의 영이나 행성의 혼 등 다양한 마도서에서 등장한다 (128페이지 참고). 이교의 제식마법사는 이교의 신과 원소의 정령들, 또는 다른 존재들을 불러온다.

제식마법에서 의식은 천사나 신들이 초혼, 마법도구, 상징, 하나님의 이름, 또는 다른 힘의 말씀을 사용해 나타나게 만들면서 이루어진다. 이러한 존재들은 한 번 깨어나면 마법사의 의지를 실현하도록 지시받는다. 토속주술에서 보물을 찾기 위해 수맥봉을 사용한다면, 제식마법에서는 보물 찾는 능력을 가진 천사나 악마를 소환해서 임무를 수행하도록 명령한다.

상징과 시길

우리는 행성과 별자리의 상징을 이미 살펴봤지만, 제식마법은 그 이상으로 더 나아간다. 각 천사와 악마, 혼을 부를 수 있는 하나 또는 그 이상의 상징이 존재하며, 행성의 펜타클이나 인장, 모양 등도 있다. 이런 것들은 모두 기도에 쓰이며 수호하는 역할을 한다. 예를 들어, 수호를 위한 '솔로몬의 인장'은 꼭지가 일곱 개인 별 모양으로, 그 주변을 천사의 이름들이 감싸고 행성과 다른 상징들이 별 안에 자리하고 있다. 의식과 소환은 주로 그런 상징들을 사용하는 데 의지한다. '인장'은 어떤 존재를 제자리에 봉인하면서, 마법사의 의지를 그 존재가 행하게 만든다.

우리는 제4장에서 시길에 대해 잠시 훑어본 바 있다. 시길이 어떻게 만들어지느냐에 따라 여러 가지 기술들이 존재한다. 그 가운데 마방진은 가장 설득력 있는 예시다. 마방진 등에 연결된 선을 그리는 기술은 다른 '지도' 위에 선을 그리는 데에도 사용할 수 있으며, 다른 기술들도 마찬가지다. 제식마법에서든 어디에서든 시길은 소환하기 위해서뿐 아니라 다른 주술적 의도를 위해서도 사용된다. 예를 들어, 마방진 시길을 만들기 위해 단어를 쓰거나 수비학을 활용할 수도 있다(122페이지). 시길은 여러분의 의도를 마법에 쏟아붓는다. 상징과 시길의 결합은 의식을 창조하고, 거기에 힘을 부여하고, 보호하며, 그 위로 의도를 부여한다.

수호와 정확성

제식마법의 특징 가운데 하나는 소환한 존재로부터 언제나 보호받는다는 것이다. 그 누구도 원이 여러분을 보호해준다고 말하지 않을 때조차 수호의 의미를 내포한다. 예를 들어, 『황금여명회』에서 이스라엘 레가르디는 이렇게 말했다. "항상 소환을 시작하기에 앞서 그곳의 원을 완성해야 한다."

의식은 정확하게 행해져야만 한다. 정확한 행성시간에 맞추어 예전에는 사용한 적 없는 새 도구를 만들거나 구입해야 한다. 일단 도구를 마련한 뒤에는 정확한 지시에 따라 축성을 받아야 한다. 한편, 마법사는 도구를 마련할 때도 이와 같이 엄격한 지도에 따라야 한다.

이러한 규칙들은 마법이 마법활동의 단계마다 정확하게 이루어지지 않는다면 효과가 없다는 것을 뜻한다. 그러면서도 그 의식과 소환된 존재들이 위험하며, 극도로 조심스럽게 매 단계를 밟아나가야만 안전하게 행위를 진행할 수 있음을 암시하기도 한다.

소개합니다

도널드 마이클 크레이그

도널드 마이클 크레이그(Donald Michael Kraig, 1951~2014)는 오컬티스트이자 작가이고 편집자다. 저서 『모던 매직(Modern Magick)』에서 제식마법을 신이교주의 사상과 혼합했다. 아마도 이런 작업을 최초로 행한 이가 바로 크레이그였으며, 크레이그는 둘 사이의 벽을 허물고 싶어 했다.

크레이그는 모호한 주제를 택해 평이한 영어로 설명해나갔다. 마법(섹스마법에 관한 훌륭한 책도 있다)과 타로, 탄트라에 관해 책을 썼으며, 최면요법사이면서 전문적인 건반연주자였다. 그리고 UCLA에서 철학을 전공하기도 했다. 62세의 나이에 췌장암으로 사망했다.

태고에서 현대까지

지금껏 살펴보았듯 마법은 태고 이래로 존재해왔고, 확인 가능한 제식마법의 역사는 약 700년 이상이다. 그 기간 동안 제식마법은 자연스레 엄청나게 많이 변주하게 되었다. 일부 핵심적인 마법들에 더욱 가까이 다가가 보자.

태고의 마법

기억할지 모르지만, 헤르메스 트리스메기스투스는 마법을 '지혜의 세 가지 부분' 가운데 하나라고 불렀다. 헤르메스학에 관한 글에는 점성술과 부적마법이 포함되고, 또한 공감을 불러일으키는 마법의 대응 목록도 제시되어 있다.

『그리스 마법 파피루스Greek Magical Papyri』는 기원전 100년에 기록된 문집으로, 후대의 제식마법과의 연속성을 보여주고, 다양한 범위의 마법주문들을 포함한다. 그 가운데 일부는 토속주술을 닮았고, 또 일부는 좀 더 의례에 가깝다. 기도문과 액막이 부적, 악마의 소환, 그 외에 다른 기술들 역시 담겨 있다.

이 시기에 유대인과 이집트인들의 마법이 꽃을 피웠다. 유대법은 현재까지도 마법을 금지하고 있지만, 마법이 성했다는 증거는 파피루스와 액막이 부적, 그리고 주문 그릇(마법주문이 새겨진 그릇) 등으로 차고 넘친다. 이집트 마법에도 사원의 의식과 심지어 기도용 문신뿐 아니라 액막이 부적이 포함된다.

마도서의 전통

마도서의 전통(188페이지 참고)은 솔로몬의 마법 또는 르네상스 마법으로도 알려져 있는데, 성경에 나오는 솔로몬 왕에게서 권위를 물려받았다고 주장한다. 마도서의 전통은 악마를 이끌어낸다는 의미의 게티아를 중심으로 한다. 또한 구체적이고 세속적인 목표를 설정한다. 예를 들어, 『호노리우스의 서약서』는 신앙심과 기도를 강조하면서도 악마를 천사인양 소환하고, '자물쇠 열기', '불화 일으키기', '부 쌓기', '아픈 곳 고치기', 그리고 '누군가를 살해하기' 같은 임무들을 나열하고 있다.

마도서는 주로 유대인 마법을 차용해서 전통적인 기독교와 결합하며, 이집트와 그리스, 고대 중동의 오랜 역사에 의지하고 있다.

에노키안 마법

에노키안 마법(본래는 천사의 마법이라 불렸다)에서 천사들은 신중하게 세워진 사원에서 '천사의 언어'로 된 '부름'을 통해 소환된다. 이 체계는 놀라울 정도로 복잡해서 심지어는 마법의 뇌수술에 비교되었을 정도다!

존 디는 엘리자베스 1세의 궁중 점성술사이자 천문학자였다(그는 또한 코드명 007의 여왕 스파이기도 했다). 또한 오컬티스트이며 연금술사이고 헤르메스주의자다. 1582년 디는 천재적인 영매(혹자는 사기꾼이라고도 했다) 에드워드 켈리를 만났다. 몇 년 동안 둘은 함께 일하며, 디는 천사를 불러내고 켈리는 천사들과 영적으로 접속했다. 디는 천사들이 들려주는 모든 이야기를 글로 남겼다.

디의 기록은 다른 르네상스 마법과는 달리 행성마법('신비의 7왕국'을 의미하는 '헵타르키아Heptarchia' 또는 '헵타르치아 미스티카Heptarchia Mystica')로 시작한다. 그다음으로는 성경인물인 에녹이 하늘에서 주었다고 하는 그 전설의 에녹서를 받아쓴 내용이 나온다. 이 책은 '천사의 말'뿐 아니라 마법의 체계를 보여주는데, 마지막으로 구술된 내용은 지구의 마법지도 같은 것으로, 이 지도는 '망루'라고 부르는 네 개의 구역으로 구분되어 있다.

황금여명회

황금여명회(황금새벽)는 비밀결사대로, 황금여명회의 롯지에서는 입회자들을 외부인에서 내부 결사로 바꾸어놓는 훈련 프로그램이 운영되었다. 이 단체의 제식마법은 철학적으로는 헤르메스주의를 따랐으며, 카발라와 타로, 점성술, 마도서, 그리고 (더 고귀하게는) 에노키안 마법을 사용했다.

황금여명회의 이시스-우라니아 사원은 1888년 윌리엄 웨스트콧, S. L. 맥그레거 매더스, 그리고 W. R. 우드맨 박사가 설립했다. 황금여명회에 입회한 이들 중에는 세상에서 가장 유명한 마법사인 모이나 매더스(매더스의 부인), 아서 에드워드 웨이트, 파멜라 콜맨 스미스, 알레이스터 크로울리, (분파인 알파와 오메가에 가입한) 디온 포춘, 그리고 윌리엄 버틀러 예이츠 등이 있다. 곧 입회자는 수백 명으로 늘어났다.

1914년 모든 것이 끝이 났다. 여기에 관여한 수없이 많은 인물들과 이들이 행한 정신을 움직이는 작업들의 격함을 고려하면, 황금여명회가 소란스럽게 분열하고 말았다는 사실은 그다지 놀랍지 않다. 그러나 그 씨앗으로부터 울창한 나무가 자라났다.

소개합니다

알레이스터 크로울리

에드워드 알렉산더(알레이스터) 크로울리(Edward Alexander (Aleister) Crowley, 1875~1947)는 영국의 오컬티스트이자 제식마법사, 그리고 작가다. 1904년 카이로에 머물던 크로울리에게 이집트의 신 호루스의 사자 에이와스가 찾아와 『법의 서(The Book of the Law)』를 받아쓰게 했다. 이 책은 크로울리가 창립한 이교 혹은 주술종교인 텔레마의 핵심 경전이다.

크로울리는 나중에 A∴A∴를 공동으로 창설했는데, 이는 황금여명회와 텔레마를 바탕으로 한 제식마법결사다. '매지크(Magick)'이라는 철자를 선보였고 토트 타로를 만들었다. 저서 『매지크, 그 이론과 실제(Magick in Theory and Practice)』는 걸작으로 평가받고 있다. 섹스마법을 행하고 공공연히 양성애자임을 밝힌 탓에 '세계에서 가장 사악하게 구는 옴므 파탈'로 불렸다. 크로울리는 오컬트 역사에서 가장 영향력 있는 사상가이자 작가, 그리고 창조자로 남아 있다. 오늘날 여성혐오와 인종차별로 인해 비판을 받으면서도 여전히 크로울리의 마법사상은 오컬트 전체에 배어 있다.

동방성당기사단과 텔레마

동방성당기사단Ordo Templi Orientis, OTO은 1904년경 프리메이슨을 바탕으로 창설된 오컬트 단체다. 알레이스터 크로울리는 1910년 OTO에 입회했고 곧 지도자의 위치에 오르게 되었다. 크로울리는 입회의식을 재구성하고, OTO의 기반을 텔레마로 옮겼으며, 그노시스* 미사를 썼다. 그노시스 미사는 후에 OTO의 주요 의식이 되었다.

크로울리가 쓴 『법의 서』는 다음의 구절로 유명하다. "그대가 원하는 대로 하라. 그것이 법의 전부가 되리라." 이 구절은 방탕하고 도덕관념이 없어도 된다는 의미로 쉽게 오해받지만, 텔레마는 각 신도가 자신의 '진실한 의지'와 운명을 찾고, 자연과의 조화를 이루기를 요구한다. 따라서 "원하는 대로 하라"는 머릿속에 떠오르는 대로 하라는 것이 아닌, 진실한 의지에 따라 행동하라는 의미다.

OTO은 여전히 전 세계에 수십 개의 지부를 갖춘 중요한 오컬트 조직이다.

---

* 그노시스는 헬레니즘 시대에 유행한 종파로 유대교와 동방의 종교, 기독교, 점성학, 그리스와 이집트의 다양한 철학 등이 혼합되어 만들어졌다. 영적인 지식을 이해하면 육체를 초월한 구원을 얻을 수 있다고 본다.

내면의 빛 공동체

1927년 디온 포춘은 신지학협회의 기독교 신비주의 롯지에 가입하고 빠르게 조직을 장악했다. 신지학과 알파와 오메가 모두에서 분리된 무리는 몇 차례 이름을 바꾼 뒤 '내면의 빛 형제회Fraternity of Inner Light'가 되었고, 오늘날에는 '내면의 빛 공동체Society of Inner Light, SIL'로 알려져 있다.

세월이 흐르면서 SIL은 점차 황금여명회식의 제식마법에서 멀어져갔고, 이제는 게티아와 실용마법을 완전히 거부한다. SIL은 독창적인 입회와 제식마법을 갖추고 있다. SIL은 의식과 진화의 확장이라는 목표를 위해, 헤르메틱 카발라를 바탕으로 인간을 인도하는 의식에 초점을 맞추고 있다.

기타 마법단체

내부 갈등으로 인해 매더의 리더십에 금이 가면서, 황금여명회는 콩꼬투리처럼 갈라져 새로운 무리들을 저 멀리까지 퍼트렸다. 매더파는 알파와 오메가(원래의 분파)에 남았고, 아서 웨이트는 기독교 신비주의에 초점을 맞춘 장미십자단 형제단Fellowship of the Rosy Cross을 결성했다. 윌리엄 버틀러 예이츠와 이스라엘 레가르디를 포함해 더 많은 오컬트지향적인 옛 회원들은 새벽별Stella Matutina을 창설했다.

타로와 카발라, 오컬트 전문가이자 작가인 폴 포스터 케이스는 알파

제식마법 도구함

제식마법에 사용하는 도구는 마도서와 학파, 그리고 사용하는 기술에 따라 아주 다양하다. 제식마법의 특성을 고려하면, 도구들은 보통 정교하고 정확한 지시에 따라 만들어진다. 다음은 황금여명회 도구의 기본목록들이다. 『황금여명회』 또는 『모던 매직』에서 각 도구를 만들고 축성을 받는 법을 참고해보자.

원소도구란 공기단검(T모양의 칼자루가 달린 양날검. 손잡이는 노랗고 그 위에 여러 상징들이 그려져 있다), 불의 지팡이(빨강색과 노랑색으로 되어 있으며 끝부분이 도토리 모양이다), 물의 성배(상징이 그려진, 줄기가 긴 파란 포도주잔), 그리고 흙의 펜타클(육각별이 그려진 원반으로, 말쿠트 색깔로 칠해져 있다. 172~173페이지 참고)을 의미한다.

작업도구는 칼, 여분의 단검(원소를 의미하는 것이 아니라 의식에서 사용한다), '연꽃 지팡이(끝이 연꽃 모양이며 무지갯빛으로 칠해져 있다)', 특정의식에 쓰이는 다른 지팡이, '장미십자단'의 상징, 의식에 입을 로브, 다양한 향, 향로, 양초, 그리고 제단으로 쓸 탁자 등이다.

『솔로몬 왕의 열쇠(THE KEY OF SOLOMON THE KING)』에서는 다음의 도구들을 열거하고 있다. 하얀색 자루가 달린 칼, 검은색 자루가 달린 칼, 언월도, 짧은 창, 단검, 원형 낫, 비수(칼의 일종), 막대기, 지팡이, 마법의 검, 끌(조각용 도구).

와 오메가를 떠나, 마침내 아디툼의 건설자Builders of the Adytum, BOTA를 세웠다. 케이스는 황금여명회의 의식에 에노키안적인 요소들을 입힌 것이 썩 마음에 들지 않았다. 의식 안에 설치된 수호 또는 보호수단이 부족하다보니 의식들이 위험하다고 생각했던 것이다.

OTO와 SIL, 그리고 BOTA는 황금여명회에서 직접적으로, 혹은 간접적으로 파생되어 나온 현대의 마법단체들 중 일부에 지나지 않는다.

카오스 마법

카오스 마법은 1970년대에 접어들어서야 나타났지만, 그 뿌리는 A.∴A.∴의 초기멤버이면서 오컬티스트이자 예술가인 오스틴 오스만 스페어의 이론과 기술에 있다. 카오스 마법은 오컬트 작업에서 불필요한 교리와 의식들을 벗겨내려고 애쓰고 있으며, 특별한 마법도구가 필요하지 않다. 이 마법은 실용적이면서, 취직, 연애, 건강 같은 현실세계에서의 성과를 얻으려고 한다. 카오스 마법에서는 "그 무엇도 진실은 아니다. 모든 것이 인정받는다"고 한다. '카오스 마법'이라는 표현의 출처는 분명치 않지만 '카오스'는 뭔가 혼란스러운 것이 아니라 우주의 근원 또는 '신'을 의미한다.

어떤 면에서 스페어는 제럴드 가드너(65페이지 참고)가 했듯 토속주술의 단순함으로 완전히 돌아가려고 했다(다만, 스페어는 가드너를 좋아하지 않았고 종교도 원치 않았다). 카오스 마법은 외적인 현실을 전혀 인식하지 않는다. 카오스 마법에서는 진짜 천사를 불러오는 것이 아니다. 소환에 에너지를 쏟으며, 그렇게 해서 '시종'이라고 부르는 겉보기에 독립적인 존재를 만들어낼 수 있다. 아무 체계에서 나온 아무 기술이나 사용할 수 있다. 오직 에너지와 마법사의 신념만이 유일한 현실이기 때문이다.

마법사가 하는 일

마법사가 실제로 무슨 일을 하는지 궁금한가? 이들이 하는 일은 무궁무진한데, 마법사의 정신이나 자아에 대한 작업, 마법도구의 제작과 축성 작업, 의식장소의 창조, 천사나 악마, 또는 다른 존재의 소환과 초혼 등이 있다(당연하지만 이 모든 일은 적절한 행성의 날과 시간에 맞추어 이루어져야 한다). 좀 더 자세히 살펴보자.

내면의 작업

마법사들은 여러 가지 이유로 자기 자신을 대상으로 일을 한다. 첫 번째로, 자신에게 마법을 행할 수 있는 능력을 불어넣기 위해서다. 여기에는 시각화와 집중력을 개선하려는 연습, 그리고 자세 취하기나 숨 쉬기 연습 같은 육체/정신의 작업, 그리고 파동(206페이지 참고)과 패스워킹(181페이지)처럼 의식용 기술에 쓰이는 구체적인 연습 등이 포함된다.

파동의 공식

파동의 공식은 제식마법 전체에서 쓰이는 음성기술이자 정신기술이다. 이는 힘과 기도의 이름으로 파동을 일으키는 데에 필요하며, 모든 제식마법사들이 배우는 가장 기본적인 의식인 LBRP(Lesser Banishing Ritual of the Pentagram)에서 사용된다. 복식호흡으로 노래할 때와 마찬가지로, 파동은 가능한 한 일어서서 행해야 한다.

순서

1. 숨을 깊이 들이마신다. 호흡을 하는 동안 밝고 하얀 빛이 폐 속으로 들어오는 모습을 머릿속에 그리자.
2. 모음(예를 들어, '우-' 같은)의 소리를 나지막히 내면서 숨과 밝은 빛을 내보낸다. 모든 공기가 완전히 빠져나갈 때까지 계속 소리를 낸다. 아마도 평소보다 목소리는 더욱 커지고 더욱 높아질 것이다. 목표는 목소리를 내는 동안 가슴속에 파동이나 오싹한 느낌을 경험하는 것이다.
3. 1번과 2번을 계속 시도하면서, 마침내 자신만의 마법 목소리를 찾을 때까지 입 모양과 자세, 목소리 톤을 바꾸어본다.

4. 이런 방식으로 파동을 만드는 방법을 터득했다면, 174페이지에 나오는 연습을 반복해보자. 이번에는 각 히브리어 단어들에 파동을 주자. 들숨에 밝고 하얀 빛으로 시작한다면, 날숨에는 세피라의 색깔을 활용하고, 해당하는 신체부위에서 파동을 느끼려고 시도해보자. 예를 들어, 호크마라면 얼굴 왼쪽에 파동을 느끼는 동안 회색빛을 내보낼 수 있다.

두 번째로, 내면의 작업은 가끔 마법 자체의 목적이 된다. 텔레마는 '성 수호천사의 인지와 대화'가 마법의 핵심목표라고 보며, 이는 '심연을 건너는 것'으로 이어진다(제6장에서 대부분의 카발라주의자들이 삶에서 심연을 건너는 일은 불가능하다고 생각한다고 언급했다. 하지만 텔레마는 예외다). 초혼과 기도도 중요하지만, 내면을 탐구하고 생명나무 위를 이동하며 의식을 확장하는 것 역시 중요하다.

마지막으로, 내면의 작업은 세상을 변화시키는 위대한 작업의 일부로 간주된다. 즉, "위와 마찬가지로, 아래에서도"라는 의미다. 우리가 우리 자신을 변화시킬 때, 온 우주의 작은 조각도 앞으로 움직일 수 있다. SIL(202페이지 참고)은 이를 마법의 핵심작업이라고 보았다.

마법도구의 제작

제식마법에 사용할 작업도구(203페이지 참고) 가운데 일부는 구입할 수도 있지만, 대부분은 만들어야 한다. 가끔은 구입한 도구를 손보기도 한다. 예를 들어, 단검을 구입한 뒤 단검 손잡이를 노란색으로 칠하고 필요한 상징과 글자들을 그 위에 그리는 것이다. 마법사가 만든 다른 도구로는 시길, 액막이부적, 행운의 부적, 마방진 등이 있다. 이미 앞에서 다루었던 도구들이다.

일단 도구가 만들어지면 이제는 축성을 받아야 한다. 이는 보통 축성의식의 공간(마법의 원)에서 이루어진다. 축성 방법에는 성수를 뿌리거나 향을 피운 뒤 그 자리로 지나가는 방법 등이 있다. 마도서에서는 각 도구와 목표에 맞는 축성을 알려준다.

의식공간의 창조

제식마법사들은 보호를 하기 위해 마법의 원을 그린다. 또한 악마를 불러들이기 위한 삼각형 등의 공간을 만들기도 한다. 일부 존재들과 같은 공간에 있고 싶지 않다면, 원 속에 서서 원 바깥에 그려진 삼각형 안으로 존재를 소환하면 된다. 의식공간은 모든 방식의 축성에 쓰이지만, 물론 장소를 만들기 위해서는 도구가 필요하다. 따라서 도구를 만들고, 이를 축성한 뒤, 더 심오하거나 복잡한 의식들을 하기 전에 앞서 온전한 마법의 원을 만들어야 한다. LBRP는 의식을 창조하는 시작점이 된다. 제식마법사는 LBRP를 배운 다음 이보다 더 상위버전인 LIRP[Lesser Invoking Ritual of the Pentagram]와 육각별의 해당 의식을 배운다.

소환과 초혼

이는 제식마법에서 가장 핵심이 되는 작업으로, 그 외에 모든 것들은 이를 뒷받침하기 위함이다. 도구와 명상, 의식장소들은 모두 다양한 존재를 소환하기 위한 것이다. 대부분 '소환'이라는 표현을 쓰지만 많은 마법사들은 '소환'은 한 사람의 몸으로 불러오는 것(빙의)이며, '초혼'은 의식

장소로 불러오는 것이라고 구분한다. 제식마법에서는 두 현상 모두 생기지만 대부분은 초혼을 의미한다.

훈련을 받고 잘 준비된 마법사는 적절한 시간대에 축성받은 적절한 도구를 가지고 의식공간을 세운다. 의식공간은 불러오려는 존재로부터 마법사들을 보호해주는 장소다. 시각화와 시길, 봉인, 파동을 사용해 마법사는 어떤 존재를 나타나게 불러내고, 불러낸 이유에 따라 행동할 것을 명한다. 그 존재를 적절히 놓아준 뒤에는 의식공간을 조심스레 해체한다.

제식마법의 시련기

지금까지 책을 읽어오면서 서양과 중동의 오컬트 역사에서 등장하는 모든 것들이 결합하면서, 르네상스시대에 제식마법이 꽃을 피웠다는 것을 알 수 있었다(238페이지 연대표를 다시 한번 보자).

- 특히나 하인리히 코넬리우스 아그리파는 사실상 앞서간 오컬트 유행의 모든 것들을 받아들였다. 즉, 그노시스주의, 헤르메스주의, 신플라톤주의, 점성술, 기적, 게티아, 카발라, 그리고 천사에 대한 연구들은 모두 『세 권의 오컬트 철학』 전 권에 등장한다.
- 황금여명회에서 아그리파가 통합한 모든 것들은 여전히 남아 있고, 에노키안 마법과 마법의 롯지, 장미십자단, 그리고 신지학 등도 포함되어 있다. 황금여명회는 서양 오컬트를 깔때기처럼 여기며, 모든 마법의 전통과 연구에서 정점이 되어야 한다고 믿었다.
- 황금여명회는 전혀 다른 요소들을 가져와 새로운 뭔가로 바꾸어 놓는 연금술의 도가니 혹은 용광로다. 그 '뭔가'는 연금술에서처럼 단 하나가 아니라 여러 개다. 사실상 텔레마와 카오스 마법, 위

카 등 오늘날 서양 오컬트의 모든 것은 직·간접적으로 황금여명회의 영향을 받았다.

위칸이나 신이교도들은 제식마법이 우스울 정도로 복잡하고 쉽사리 무시해도 된다고 생각하는 경우가 많다. 나를 포함해 많은 위칸들은 공식적으로는 제식마법을 행하지 않는다. 그러나 사실 우리가 행하는 마법은 제식마법에서 영향을 받았으며, 이 주제에 대한 연구는 연습을 심화시켜준다. 그 연습이 무엇이든 간에 말이다.

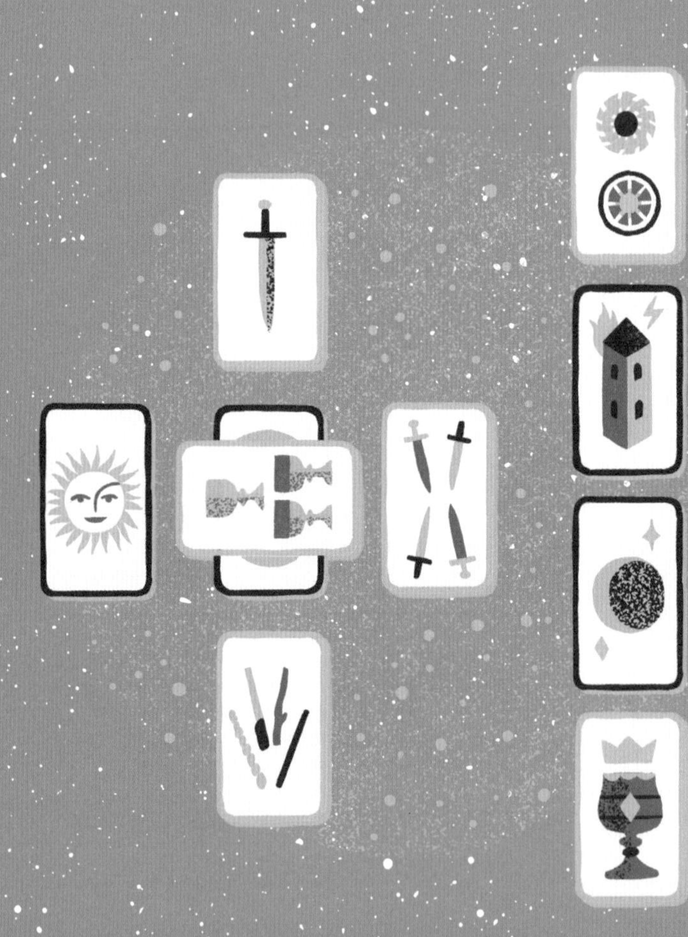

타로

타로카드는 오컬트에서 점과 명상, 주술에 사용하는 매우 특별한 카드다. 한 벌은 78장으로 구성되어 있으며, 그림이 그려진 메이저 아르카나Major Arcana('으뜸패') 22장과 56장의 마이너 아르카나로 다시 나누어진다. 마이너는 요즘 카드놀이에 쓰는 카드와 비슷한데, 네 종류의 패로 구성되어 있고 1에서 10까지 숫자가 쓰인 카드와 '그림패' 4장이 있다(요즘의 카드놀이는 '나이트(기사)'를 궁정에서 쫓아냈고 시종의 이름을 다시 '잭(J)'으로 바꾸어놓았다). 마이너 카드에는 숫자와 패를 가리키는 눈이 있었을 뿐이지만, 20세기부터는 일반적으로 오롯이 그림으로만 채워졌다. 타로의 기준에 해당되지 않는 오컬트 카드는 '오라클 카드'라고 부른다.

타로의 역사는 상당히 잘 알려진 편이지만, 여전히 사이비 역사가 널리 퍼져 있다. 사람들은 타로의 나이가 수천 년 정도 되었으며 원래는 이집트에서 시작되었고, 고대 이집트의 '토트(지혜·학문·마법의 신)의 책Book of Thoth'으로부터 살아남았다고 생각한다. 또는 원래 타로가 오컬트 지식을 비밀스레 암호로 만든 것이라고도 믿는다. 오컬트를 글로 남기기가 위험했던, 종교재판을 행했던 시대에 신비한 이야기들을 모두 상형문자의 형태로 기록했다는 것이다.

많은 오컬티스트들이 처음부터 카발라와 타로 사이에는 관련성이 있었고(곧 다룰 내용이다), 타로는 원래 유대교의 신비한 관행이었다고 믿는다. 최근에는 타로가 로마인들로부터 비롯되었다는 믿음이 널리 퍼졌다. 실제로 (일부 로마인들을 포함한) 일부 사람들이 타로의 활용이 문화적 도용이라고 생각한다(단, 로마의 점쟁이인 드라바르디Drabardi는 타로와 다른 카드들을 사용할 수 있지만, 이는 로마문화에만 있는 고유한 부분이 아니다).

그러나 이런 이론들 가운데 진실인 것은 아무것도 없다. 현대의 카드놀이가 어디에서 왔는지 확실히 모르지만, 아마도 십자군전쟁에서 돌아오는 병사들 덕에 이슬람 세계에서 유럽으로 전해졌을 것이다. 타로는 이탈리아 르네상스 시대의 타로키Tarocchi라는 귀족계층의 놀이에서 파생되었다. 브릿지 게임과 비슷한 이 놀이는 카니발 행진 덕에 잘 알려진 바보와 악마 등의 인물이 그려진 한 벌의 으뜸패와 놀이용 카드를 결합한 것이다. 처음으로 알려진 타로키 카드인 비스콘티-스포르자Visconti-Sforza는 15세기 중반에 만들어졌다. 으뜸패에 그려진 숫자와 그림이 일관성을 띠게 될 때까지 한참이 걸렸다. 18세기 후반까지는 커다란 놀이용 카드로 남았다.

그 후 짧은 기간 동안 엘리파스 레비(189페이지)가 타로를 카발라와 히브리어에 연결시켰다. 한편, 다양한 작가들이 이집트에서 (이집트에서 왔다고 여겨지는) 루마니아에 타로를 연결지었고, 또 다른 작가는 점에 연결지었다. 이 모든 게 오컬트가 부활할 때 타로가 황금여명회 체계로 편입하고 그 이후로 함께 남게 되었다는 의미다.

A. E. 웨이트와 파멜라 콜맨 스미스(226페이지와 222페이지 참고)는 라이더-웨이트 카드 78장 모두에 그림을 그리면서 최초로 엄청난 혁신을 일으켰다(라이더는 출판사로, 오늘날에는 웨이트-스미스Waite-Smith, 라이더-웨이트-스미스Rider-Waite-Smith, 또는 줄여서 RWS라고 부른다). 이미 언급한대로, 알레이스터 크로울리는 토트 타로를 제작해서 여러 소소한 변화들을 주었다. 오늘날 거의 모든 타로카드 세트는 RWS(가장 흔하게 쓰인다)나 토트가 변형된 것이라 볼 수 있다.

타로는 이제 그 어느 때보다 큰 인기를 얻고 있다. GoFundMe와 여러 자비출판 사이트 덕에 다채롭고 혁신적인 마법예술가가 갖가지 예술적인 방식으로, 온갖 오컬트의 연구영역에 따라, 모든 사람들을 위해 몹시도 넓은 범주의 타로카드를 만들고 있다. 카드는 카발라에 관한 것일 수도, 점성술에 관한 것일 수도, 아니면 수비학에 관한 것일 수도 있다. 또한 퀴어 독자나 어린 독자들, 영화애호가, 예술애호가, 고양이 매니아 등을 위한 카드가 될 수도 있다. 타로를 배우기에 딱 좋은 시대다!

타로 이해하기

타로와 사랑에 빠졌다면 좀 더 깊이 파고들고 싶기도 할 것이다. 244페이지에는 타로를 시작할 수 있는 여러 훌륭한 계기들이 제시되어 있다. 한편, 용어와 구조, 오컬트와의 연결점 등을 살펴보고, 어쩌면 여러분 인생에서 타로가 들어갈 자리를 한번 살펴보자.

메이저와 마이너

앞서 보았듯 타로는 본래 한 벌의 카드(마이너 아르카나)에 으뜸패(메이저 아르카나)가 더해진 것이다. 두 벌의 카드는 다르게 취급된다.

22장의 메이저 카드에는 숫자 0부터 21까지 매겨져 있다. 메이저는 신령스럽고 중요한 문제들을 다룬다고 한다. 전체적으로 메이저는 영웅의 여정으로 다양하게 생각한다. 즉, 인간의 모습을 한 영혼의 여정이며, 생명나무의 통로, 그리고 한 사람의 인생에서 운명의 움직임이나 주요한 인생사건들이라는 것이다. 각 으뜸패는 개별적인 사건으로 읽지만, 동시에 순서대로 서로 연관되어 경험하는 연속적인 사건이기도 하다. 따라서, 예를 들어 처음이나 마지막에 바보(으뜸패 0)가 오면 중대한 결정을 내려야 하는 것으로 해석된다. 그리고 오직 메이저 아르카나로만 사용하는 몇 가지 카드세트와 카드의 배열이 있다(227페이지 참고).

56장의 마이너 카드에는 숫자 0부터 10까지 매겨져 있고, 시종, 기사,

여왕, 왕이라는 4장의 카드가 있다. 마이너 카드는 일상적인 정보를 제공한다고 본다. 마이너 아르카나로 예측되는 상황은 메이저 아르카나가 예측하는 것만큼 인생을 바꾸어놓을 사건이 아니라고 본다.

짝패와 숫자

네 개의 타로 짝패는 지팡이(가끔은 막대기, 봉, 또는 자루로 부른다), 칼, 컵, 그리고 펜타클이다. 앞서 이 짝패들이 마녀술과 제식마법의 도구로 쓰인다는 사실을 알았다. 마법에서도 마찬가지로 이 짝패/도구는 네 개의 원소인 불(지팡이), 공기(칼), 물(컵), 땅(펜타클)에 대응된다. 원소의 의미는 점성술이든 연금술이든 타로든 간에 서양의 오컬트 전체에서 일관성을 띤다. 일부 오컬트 체계에서는 다섯 번째 원소인 정령이 있다고 본다. 정령을 원소로 본다면 이는 메이저 카드에 대응시킬 수 있다.

이와 유사하게 숫자는 오컬트에서 숫자에 관한 지식으로 이해하며, 수비학과 점성술, 카발라를 공부해서 활용하기도 한다. 주로 피타고라스 수비학(제4장 참고)을 바탕으로 카드를 해석하는 책도 있다(샌더 콘라드 작 『수비학: 타로로 가는 열쇠Numerology: Key to the Tarot』).

각 카드마다 개별적이고 구체적인 의미가 존재하지만, 단순히 그 짝패와 숫자를 살펴보는 것만으로도 엄청난 통찰력을 얻을 수 있다. 예를 들어, 지팡이와 에이스(A 카드)는 언제나 불(지팡이)의 시작(숫자 1)을 의미한다.

타로 배우기

타로를 배우는 과정에서 접할 수 있는 다양한 학파들이 존재한다. 일부 선생님들은 책을 읽기도 전에 그저 각 카드에 그려진 그림을 살펴보고 자신만의 해석을 내놓으라고 요구할 수도 있다. 나는 몇 년 동안 타로를 가르치면서 처음에는 암기하는 것이 어려울지 몰라도 내면의 심령을 자유롭게 해준다고 생각하게 되었다. 초심자용으로 좋은 책을 구입하거나(244페이지 참고) 카드세트를 사면 딸려오는 작은 책자로 시작해보자.

준비물

타로카드 한 벌과 안내책자

인덱스카드와 종이클립

일기장

순서

1. 타로카드 세트를 가지고 플래시카드를 만든다. 인덱스카드 78장에 각 카드가 정방향일 때의 의미와 역방향일 때의 의미를 쓰고, 이를 카드 뒤편에 얌전히 클립으로 고정해두자. 이러면 어느 방향에서든 카드를 공부할 수 있다(카드를 보고 무슨 의미인지 암기하자. 또는 의미를 보고 어느 카드인지 기억해보자).

2. 매일 공부하고, 가능한 한 빨리 '암기'를 마치자.
3. 타로 일기를 쓰자. 매일 아침 카드를 뽑고, 카드 이름을 쓴 뒤 오늘 무슨 일이 벌어질지 예측해서 기록한다. 매일 저녁, 그 하루가 카드와 어떻게 연결되었는지 쓰자.
4. 작은 사건들에 대해 한 장 또는 세 장의 카드를 뽑아 해석한다. 나는 이 영화를 좋아하게 될까? 누가 현관 앞에 나타날까? 카드를 재빨리 꺼내서 재빨리 읽는다. 그리고 일기에 기록하자.

암기, 일기쓰기, 연습 같은 간단한 행위들로 곧 '초심자' 단계를 넘어서 평생의 배움으로 확장될 수 있는 편안함과 지식을 얻게 될 것이다.

코트 카드

여러분의 타로카드에 엮인 사람들이 한 무리 있다. 코트 카드는 일반적으로 사람을 의미하지만, 내면의 특성 등 다른 방식으로 해석할 수도 있

소개합니다
파멜라 콜맨 스미스

파멜라 콜맨 '픽시' 스미스(Pamela Colman 'Pixie' Smith, 1878~1951)는 예술가이자 작가, 그리고 편집자로서 RWS 카드세트의 그림을 그린 것으로 가장 유명하다. 런던에서 미국인 부모 아래서 태어나, 자메이카와 뉴욕 브루클린에서 자랐다.

21세에 스미스는 고아가 되었고 런던에 살았다. 그리고 W.B.예이츠와 『드라큘라』로 명성을 얻은 브램 스토커를 포함해 자유분방한 무리들과 어울리게 되었다. 1901년, 황금여명회에 가입했고 웨이트(226페이지 참고)를 만났다. 스미스는 웨이트의 타로세트에 그림을 그려주면서 고정금액으로 보수를 받았다(그나마도 많지 않은 액수였다). 예술가로서 일찍이 성공했지만 일감은 늘 부족했다. 스미스는 사람들에게 잊힌 채 세상을 떠났다. 역사학자들은 보통 스미스의 정체성을 언급하지 않지만, 스미스는 40년 동안 노라 레이크와 함께 살았고, 그 '친구'에게 자신의 재산을 준다는 유언을 남겼다.

다. 시종은 가끔 메시지가 되고, 기사는 가끔 움직임을 의미한다. 이 사람이 누구인지 알아내는 일은 초심자에게 버거울 수도 있다.

전통적으로 시종은 남자 또는 여자 어린이다. 기사는 젊은 남성, 여왕은 여성, 그리고 왕은 나이가 많거나 권위를 가진 이다. 최신식 타로 카드세트는 성별을 덜 엄격하게 구분하고 일부러 퀴어의 관점을 반영하기도 한다. 예를 들어, 넥스트 월드 카드세트에서 펜타클의 여왕은 수염을 길러서 남자처럼 보인다(이 세트의 모든 코트 카드는 성별중립적으로 표현되어 있다).

카발라와 타로

우리가 배웠듯 카발라에는 22가지 길이 있고 히브리어 문자의 22글자와 대응한다. 또한 10개의 세리로트가 존재하는데, 각각은 네 개의 원소에 대응한 네 종류의 영향력이 함께한다. 타로에는 22장의 메이저와 4종류의 짝패에 숫자 10까지 새겨진 마이너 카드가 있다. 엘리파스 레비는 언젠가 카발라와 타로 간의 유사성을 언급했으며, 이 점을 간과할 수는 없다. 카발라는 오컬트가 부활하는 시기에 만들어진 모든 타로카드의 토대가 되었다. 이 카드들, 특히나 RWS는 요즘 나오는 거의 모든 타로카드의 기본이 된다. 따라서 타로 창작자가 카발라를 배우지 않았거나 의도적으로 카드에 카발라의 의미를 집어넣지 않는다 해도, 웨이트-스미스나 크로울리, 또는 레비 자신이나 폴 포스터 케이스, 디온 포춘 등이

타로카드 선택하기

타로카드는 진정한 동반자가 될 수 있으므로 현명하게 선택하는 게 좋다. 카드는 미적 감각에도 맞아야 하기에 결정을 하는 데 훨씬 더 많은 고민을 하게 된다. 최초로 산 카드가 마지막 카드가 되리라고 생각하지 말자. 타로를 배워가면서 어떻게 카드에 반응할 것인지도 배우게 되고, 당신의 선택에 대해서도 알려줄 것이다.

RWS나 그와 비슷하게 많은 책들에서 언급하는 카드세트로 시작하자. 카드를 다루고 펼쳐보는 동안 그 카드와의 상호작용을 잘 살펴보자. 그 카드세트로 작업하면서 어떤 점이 좋고 싫은지를 기록하자. 가능하다면 친구의 카드를 빌려서도 해보자.

원하는 카드세트를 구하기 위해서는 다음과 같은 질문들을 스스로 해보자.

→ 자기 자신이 아주 세세한 부분에까지 공감하면서, 그림 구석구석에 푹 빠져서 다양한 경우와 다양한 요소에 주목하고 있는가? 아니면 자세한 정보가 없을 때 가장 직관적이라고 느끼면서 상상력을 마음껏 발휘할 수 있는가?

→ 카드의 글자와 정보에 의존하는가? 아니면 오히려 방해를 받는가?

→ 카발라나 점성술 등 여러분의 선택에 도움을 주는 다른 오컬트에 흥미를 가지고 있는가, 그렇다면 그런 부분들이 강조된 카드를 찾아보자.

→ 타로카드에 제3의 성이나 유색인종, 장애인 등이 등장하거나 사람이 전혀 등장하지 않길 바라는 개인적인 이유가 있는가?

→ 카드를 어떻게 이용할 것인가? 명상을 위해서는 좀 더 정적인 그림이 그

려진 카드가, 예지를 위해서는 움직임이 있는 그림이 그려진 카드가 도움이 된다(228페이지 참고).

→ 카드 세트가 손에서 어떻게 느껴지는가? 손이 아주 작거나 관절염이 있다면 일부 카드는 너무 크거나 불편하게 느껴질 수 있다.

다양한 카드 세트와 그림들을 살펴보고 싶다면 244페이지에 있는 웹사이트들을 참고하자.

만든 것을 토대로 한 카드는 본질적으로 카발라주의를 담았다.

오늘날 우리에게 전해진 타로는 오컬트 부활의 산물이며 특히나 황금여명회와 그 분파들로부터 영향을 받았다고 이해하는 것이 중요하다. 그림과 설명은 헤르메틱 카발라와 그에 딸린 점성술, 원소, 수비학 등의 다양한 대응들을 바탕으로 한다.

점, 동시성 현상 그리고 의미

'점술'은 미래를 보거나 현재나 과거에 관한 숨은 진실을 보는 기술이다. '길흉점'보다는 좀 더 정확하고 고상한 의미를 담고 있다. 타로는 점의 도구다. 이 세상에는 점성술, 룬 문자, 찻잎, 그리고 수정점 등 점과 관련한 도구들이 많다.

칼 융은 '의미 있는 우연의 일치'를 표현하기 위해 '동시성'이란 용어를 만들었다. 우리는 동시에 일어난 사건이 어떻게, 또는 왜, 의미가 있는지 반드시 알아야 하는 것은 아니지만, 사건의 의미는 인식할 수 있다. 동시성은 우연성을 바탕으로 한다. 우연에 맡기지 않는다면 결코 동시성

소개합니다

A. E. 웨이트

아서 에드워드 웨이트(Arthur Edward Waite, 1857~1942)는 시인이자 작가, 그리고 신비론자로 뉴욕에서 태어나 영국에서 자랐다. 웨이트가 고작 17세였을 때 여동생이 사망했고, 그러자 웨이트는 천주교에서 심령주의와 신비주의, 그리고 신지학으로 전향했다. 결국 장미십자단과 프리메이슨, 그리고 황금여명회의 회원이 되었고, 그 후 장미십자단 형제단을 창설했다.

웨이트는 파멜라 콜맨 스미스와 공동으로 창작한 타로카드로 유명하다. 스미스에게 내린 지시 가운데 하나는 "각 짝패는 서로 다른 황도 12궁의 영향을 받고 있으니, 그 점성술적인 의미를 아주 신중하게 따를 것"이었다. 웨이트가 유명해진 또 다른 이유는 알레이스터 크로울리에게서 원한을 샀기 때문이다(200페이지 참고). 크로울리는 소설 『문차일드(Moonchild)』에서 웨이트를 악당 아스웨이트로 등장시켰다.

도 생기지 않는다. 모든 점은 우연성을 가지고 있으며, 그렇게 해서 의미 있는 우연의 일치가 발생한다.

타로에서 이런 무작위성은 카드를 뒤섞는 데에서 나온다. 어떤 카드를 뽑게 될지 모르기 때문에, 여러분의 질문이나 지혜를 구하고 싶은 욕망에 반응해서 뽑힌 카드는 의미 있는 카드가 된다.

타로카드 스프레드

타로는 일반적으로 '스프레드' 혹은 '카드 펼치기'를 통해 해석을 한다. 즉, 각 카드는 의미를 가지는데, 카드의 위치 역시 중요하다. 카드를 펼친 모양은 가끔 카드의 의미를 가리키는 것처럼 보인다. 따라서 과거-현재-미래는 왼쪽에서 오른쪽으로 읽어나가야 하며, 설명을 할 때도 마찬가지다. 카드 스프레드의 꼭대기는 목표가 되며, 밑 부분은 문제의 '바탕'이 된다.

가장 유명한 스프레드는 분명 켈틱 크로스다(214페이지 그림을 참고하자). 켈틱 크로스는 1910년 A. E. 웨이트의 『타로의 그림열쇠』에서 처음 세상에 소개되었다. 여기에는 미묘한 차이들이 많이 언급되는데, 현 상황의 분석(커버링, 크로싱, 기초, 환경 카드)과 예지(과거, 현재, 미래와 결과 카드)를 결합했고, 심리학적인 요소들(자아 이미지, 희망, 두려움 등)을 추가했다. 분명 배울 만한 가치가 있을 것이다!

타로의 변주

타로 자체도 셀 수 없을 만큼 다양하게 변주되었다. 바로 지금 1000종도 넘는 카드가 시장에 나와 있는 만큼 어마어마하기 때문이다. 대부분은 RWS를 기반으로 한다. 이 말인즉슨 많은 카드들이 알레이스터 크로울리의 토트 카드를 따라했고, 오컬트에 독특하고 혁신적이며 예술적인 의견을 제시하는 텔레마로부터 영향을 받기도 했다는 것이다. 또한 다른 오컬트 사상의 영향을 받은 카드들도 있다. 타로가 아닌 카드들도 있다. 레노먼드 카드는 지난 몇 년 동안 인기가 급상승했으며, 오라클(신탁) 카드의 종류도 어마어마하게 늘어났다. 각종 카드의 종류에 좀 더 자세히 다가가보자.

오컬트 타로

RWS를 위해 A. E. 웨이트와 파멜라 콜맨 스미스가 한 작업은 신비에 쌓여 있으면서도 쉽게 접근할 수 있고, 카발라와 기독교의 요소를 모두 갖추고 있다. 이는 다른 여러 카드에도 생명나무와 하나님의 이름이 숨겨져 있다는 의미다. 웨이트는 메이저 아르카나에 초점을 맞추었다. 학자들은 웨이트가 스미스에게 56가지 마이너 카드 그림을 전적으로 혼자 고안하게 맡겼다고 생각한다. RWS는 1억 세트 이상 인쇄된, 세계에서 가장 인기 있는 카드다.

BOTA 타로카드는 폴 포스터 케이스가 RWS를 변주해 만든 카드다(204페이지 참고). 케이스는 웨이트가 일부러 카드를 모호하게 만들고 실수를 집어넣었다고 확신했으며, BOTA가 그 '정정본'이다.

일부 카드는 엘리파스 레비(189페이지 참고)의 가르침을 직접적으로 따르고 있고, 타로와 카발라, 그리고 고대 이집트의 미스테리를 결합했다. 그 예가 바로 파푸스Papus 타로카드(현란한 색상에, 이집트식 오컬트 문양과 눈이 마이너 카드에 들어갔다)와 오스왈드 워스 타로카드다. 레비의 제자라면 워스의 타로카드는 좀 더 전통적으로 보일 것이다.

SIL(202페이지 참고)은 디온 포춘 타로카드를 내놓았다. 포춘이 직접 만든 카드는 아니지만, 포춘의 가르침을 바탕으로 하며 명상에 사용할 수 있게 제작되었다.

토트 타로

타로 초심자들에게 토트 타로는 어려운 점과 쉬운 점이 모두 있다. 알레이스터 크로울리와 레이디 프리다 해리스가 힘을 합쳐 쓴 책 『토트의 서』는 빡빡하고 따라가기 어려울 수도 있다. 반면에 거의 모든 카드에 포함된 별자리와 행성은 점성술 정보를 제공해주고, 각 카드에 쓰인 히브리어 문자는 카발라주의자들에게 통찰력을 안겨준다. 마이너 카드를 포함해 모든 카드에는 이름이 있어서 초심자들에게 큰 도움이 된다('풍요'는 객관적으로 '세 개의 컵'보다 이해하기 쉽다).

크로울리는 웨이트를 개인적으로 싫어한데다가 웨이트가 하는 일에도 동의하지 않았다. 둘은 점성술과 카발라, 타로의 신비주의를 서로 다르게 해석했다. RWS는 이제 타로의 '표준'이 되었음은 이론의 여지가 없으므로 토트의 차별성은 혼란스럽게 느껴질 수도 있다. 메이저 아르카나에서 일부 이름은 바뀌었다. 헷갈리는 부분은 '힘Strength' 대신 '욕망Lust'이 되었으며, '정의Justice' 대신 '조정Adjustment', '절제Temperance' 대신 '기술Art', '심판Judgement' 대신 '영겁Æon'이 되었다는 것이다. 다른 부분도 까다로울 수 있는데, 토트에서의 시종은 공주를 뜻하며, 기사와 왕은 왕자와 기사다.

역방향

카드를 무작위로 섞고 난 뒤 일부 카드는 거꾸로 놓자. 타로에서 거꾸로 놓은 카드를 '역방향'이라고 부르는데, 이는 같은 카드를 똑바로 놓은 것과는 의미가 달라진다. 대부분의 역방향 카드는 부정적이다. 다만, 가끔은 역방향 카드가 부정적인 카드의 영향을 누그러뜨리거나 긍정적인 카드를 강화해준다.

어떤 사람들은 역방향 카드를 해석하지 않고, 스프레드를 하는 동안 역방향 카드가 생기면 '고친'다. 혹자는 해석을 단순화하기 위해 방향을 바꾸기도 한다. 어쨌든, 외워야할 의미가 이미 78가지나 되니까! 혹자는 역방향의 의미는 카드에 이미 새겨져 있으므로 어떤 방식으로 해석할지 결정하는 것은 해석가의 직관에 달렸다고도 한다. 반면에 더 많은 정보는 더 많은 정보이고, 카드의 방향은 동시성이 지금 이 순간 카드의 본성을 이야기해주는 하나의 방법일 수도 있다.

마더피스Motherpeace 타로는 1983년 탄생한 페미니스트 카드로, 타로의 세계에서 돌풍을 일으켰다. 이 세트에 들어 있는 카드들은 둥글다. 일부 해석가들은 이것이 역방향이 없다는 의미라고 이해했다. 반면에 다른 해석가들은 모양이 역방향을 읽는 데에 더욱 미묘한 차이를 더해주고 있음을 깨달았다. 카드는 원의 아무 방향이나 될 수 있으므로, 카드의 의미를 미묘하게 바꾸어놓는다는 것이다.

레노먼드 카드

카드를 이용하는 완전히 다른 점술체계인 레노먼드의 시작은 18세기 후반 프랑스의 실내놀이로 거슬러 올라간다. 점에 쓰는 카드는 엄밀히 따지면 '프티 쥬 르노르망Petit Jeu Lenormand'이다. 이는 간단한 상징이 들어간 36장의 카드로, 스프레드를 한 후 서사를 만들기 위해 연결하게 된다.

레노먼드 카드에서 배는 '여행', 클로버는 '행운', 그리고 관은 '비애'다. 많은 사람들이 레노먼드 카드의 직접적인 의미에 매력을 느끼면서 이 체계는 인기를 얻게 되었다. 직관과 깊은 통찰, 명상, 그리고 근본적인 원인들로 작업하고 싶은 이들은 타로를 선호하지만, 정확히 무슨 일이 일어나게 될지 상세한 내용을 알고 싶은 이들은 레오먼드를 선호한다.

소개합니다

레이철 폴락

레이철 그레이스 폴락(Rachel Grace Pollack, 1945~)은 만화를 포함해 비문학과 문학 분야에서 많은 작품을 쓰고 상을 받은 작가이며, 또한 타로전문가로도 유명하다. 자신만의 타로카드를 세 가지나 제작했으며, 다양한 카드 세트에 맞는 참고가이드들을 썼다.

『78가지의 지혜(Seventy Eight Degrees of Wisdom)』의 저자인 폴락은 이 주제에 있어서 현대고전의 창작자다. 또한 카발라에 관한 글을 쓰기도 했다. 폴락은 뉴욕 브루클린의 한 정통 유대인 가정에서 태어나 자랐다. 트랜스젠더인 폴락은 트랜스젠더의 쟁점을 글로 써왔으며, 만화 분야에서 최초로 트랜스젠더 캐릭터를 만들어냈다('둠 패트롤(Doom Patrol)'의 코아굴라).

오라클 카드

'오라클 카드'라는 용어는 주제와 내용, 카드의 숫자와는 상관없이 명상이나 점술의 목적으로 사용되는 모든 카드 세트에 사용한다. 시장에 나와 있는 오라클 카드의 종류는 수백 가지다. 단독으로 사용할 수도 있고, 타로나 다른 점술도구와 결합해서 사용할 수도 있다. 예를 들어, 와일드 언노운 애니멀 스피리트 데크Wild Unknown Animal Spirit Deck는 와일드 언노운 타로Wild Unknown Tarot의 참고자료로 설계되었다. 일부 오라클 카드의 주제는 여신이나 마야주술, 켈트나무, 신성한 기하, 탄트라, 아프리카 디아스포라, 미국 원주민 방식, 그리고 사랑 등이다.

타로 활용하기

우리는 타로의 활용법을 두 가지 넓은 의미의 영역으로 나눌 수 있겠다. 바로 내면작업과 외면작업이다. 명상과 자기탐구, 심리적 통찰을 '내면'이라고 보고, 마법뿐 아니라 자기 자신이나 다른 사람에 대한 예지를 '외면'이라고 보자. 외면작업은 현실세계에서 결과를 내고, 내면작업은 그렇지 않다. 타로는 두 영역 모두에 유용하다.

예지

우리는 스프레드에서 '미래'의 위치에 카드가 놓였을 때 예지를 한다. 예지의 타로는 어느 정도 심리적인 연속체나 현실적인 연속체 위에 존재한다. 예를 들어, 과거-현재-미래의 스프레드에서 여러분은 타로를 과거의 두려움과 미래의 기회를 탐색하는 데에 사용할 수 있다. 또는 아주 세속적으로 취직이나 우연한 만남, 금전적인 성과를 예측할 수도 있다. 타로는 각각의 역할을 하거나 두 역할을 모두 할 수 있을 만큼 유연하다.

스프레드 상에서 카드의 위치는 그 카드가 무슨 말을 하는지를 의미하기 때문에, 그리고 스프레드의 수는 사실상 무한하기 때문에 타로로 무엇이든 예지할 수 있다. 예를 들어, 켈틱 크로스는 '교차하는' 카드가 있어서 케렌트Querent(해석을 받는 사람)에게 어떤 가능성이 있는지 이야기해줄 수 있으며, 그 주제는 심리상태부터 최악의 상사까지 무엇이든 될 수 있다.

예지의 대상은 자기 자신이 될 수도 있고, 다른 사람이나 전 세계에서 벌어지는 사건도 될 수 있다. 자기 자신에 대해서만 예지하는 사람도 있고, 자기 자신을 절대로 들여다보지 않는 사람도 있다. 친구나 지인을 위해 타로를 해석할 수도 있고, 직업적으로 타로를 해석할 수도 있다.

심리학과 자아탐구

많은 사람들이 타로를 오직 자기 자신만을 위해 활용하고 절대로 다른 사람들을 대신해 해석하지 않는다. 이들에게 타로란 자아탐구의 도구다. 자아탐구를 할 수 있는 방법에는 여러 가지가 있다. 가장 인기 있는 방법은 '오늘의 카드'로, 여러분이 누구이고 오늘 어떤 어려움을 겪게 될지 이해하면서 하루를 시작할 수 있게 카드 한 장을 뽑는 것이다. 또 다른 방식으로는 달마다, 또는 해마다(아마도 새해 전날 밤이나 생일날이 될 수 있겠다) 정기적으로 해석을 하거나 어떤 전환점에서 해석을 하는 것이다.

명상

타로카드는 강력한 명상용 이미지가 되기도 한다. 순수하게 명상으로 가는 시각적인 통로로 사용할 수 있는데, 만다라를 노려보듯 카드를 노려보는 것이다. 이렇게 해서 카드의 에너지를 내면으로 끌어올 수 있다. 예를 들어, 정의의 카드로 명상을 하면 공정함과 균형, 정의를 삶에 끌어올 수 있다.

카드는 카발라 명상이나 행성 명상에 들어가는 도화선이 되기도 한다. 예를 들어, '세계' 카드는 말쿠트와 예소드 사이에 난 통로에 해당한다. 여러분은 그 통로를 걸으면서 '세계' 카드를 명상에 활용할 수 있다.

타로마법

타로카드는 여러 가지 방식에서 주문의 일부로 사용될 수 있다. 타로카드는 일치의 대상으로 사용될 수 있으며 자질이나 요소, 성과, 세피라 등을 대표한다. 또한 스프레드를 설정해서 여러분이 원하는 성과를 미리 정해놓을 수도 있다. 다시 말해, 미래 위치에 있는 카드를 뒤집어서 해석하고 미래를 알아내는 것 대신에, 적절한 위치에 카드를 놓고 어떤 카드를 뒤집을지 미리 정해놓을 수도 있다. 기본적으로는 '속임수를 쓰는 것'이다. 그런 식의 주문을 할 때는 나는 큰 소리로 카드를 읽고, 마법의 일부로서 그 해석과 결과를 하나씩 언급한다.

점을 이으며

오컬트 세계를 훑어보는 우리의 여정이 마무리를 향해 가면서 드디어 타로에 다다랐다. 우리가 지금까지 탐색했던 모든 장에서 타로는 서양 오컬트의 여러 분야를 연결하는 점을 가지고 있음을 알 수 있었다.

- 타로는 점술의 전통을 통해 토속주술과 마녀술에 연결되어 있다.
- 정확히는 위카의 일부가 아니지만 타로는 대부분의 위칸들이 사용한다.
- 타로는 수비학에 연결되어 있다. 카드에는 숫자가 매겨져 있고 그 숫자마다 의미가 있다.
- 거의 모든 오컬트와 마찬가지로 타로는 원소와 행성에 연결되어 있다.
- 헤르메스학을 통해 타로, 점성술, 연금술, 그리고 카발라는 모두 연결되어 있다. 타로카드는 생명나무 위에 있고, 제식마법에서 사용되며, 패스워킹에서도 쓰인다.

타로는 서양의 관행이며 서양 오컬트와 연결되어 있다. 물론 아프리카의 뼈점부터 중국의 역경까지 점술은 다른 문화에도 존재한다. 그리고 이미 예상하듯, 이 점술체계는 각 문화의 내적 신념과 오컬트에 연결되어 있다.

마침내 우리는 이 풍부한 소재와 역사, 관행, 그리고 무지개처럼 다채로운 변주들을 살펴보았다. 이제 남은 것은 여러분이 여러분만의 탐색을 계속해나가는 것이다.

오컬트 연대표

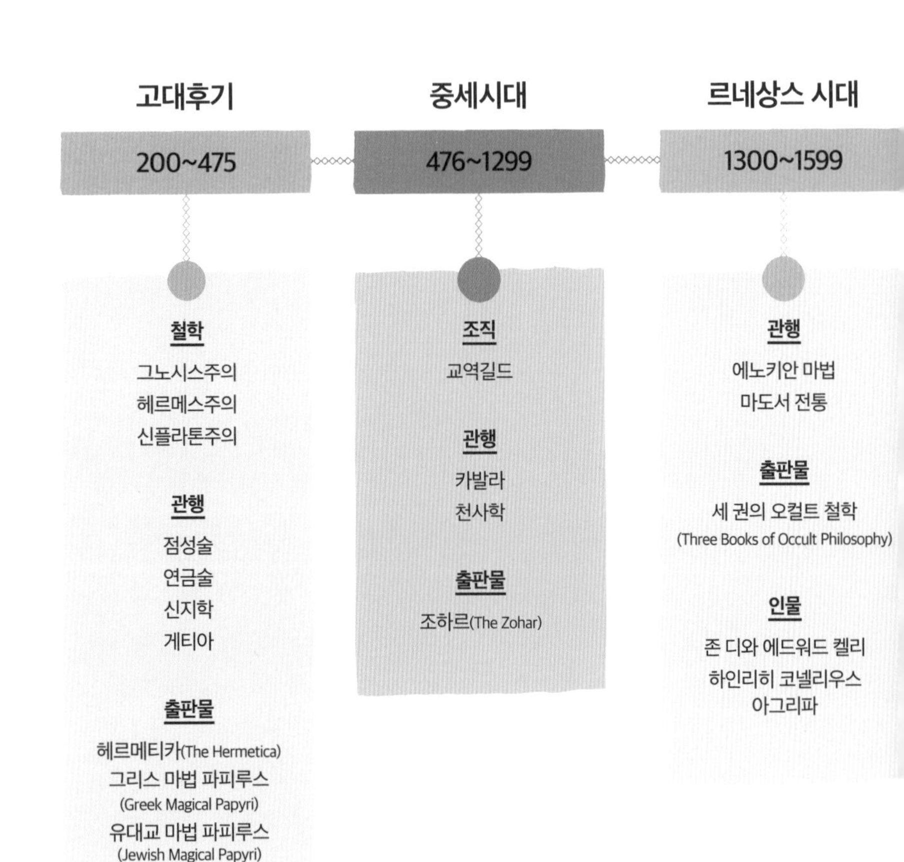

고대후기
200~475
철학
그노시스주의
헤르메스주의
신플라톤주의
관행
점성술
연금술
신지학
게티아
출판물
헤르메티카(The Hermetica)
그리스 마법 파피루스
(Greek Magical Papyri)
유대교 마법 파피루스
(Jewish Magical Papyri)
중세시대
476~1299
조직
교역길드
관행
카발라
천사학
출판물
조하르(The Zohar)
르네상스 시대
1300~1599
관행
에노키안 마법
마도서 전통
출판물
세 권의 오컬트 철학
(Three Books of Occult Philosophy)
인물
존 디와 에드워드 켈리
하인리히 코넬리우스
아그리파

계몽시대

1685~1815

학파

장미십자단

조직

최초의 프리메이슨 그랜드 롯지

관행

롯지 마법

출판물

마술사(The Magus)

인물

스베덴보리

오컬트 부활

1840~1901

철학

신지학

조직

황금여명회

출판물

비밀의 독트린 (The Secret Doctrine)

인물

엘리파스 레비
헬레나 블라바츠키

근대

1902~현재

조직

아디툼의 건설자
OTO
내면의 빛 형제회
성배성심회 (Sangreal Sodality)
A∴A∴
태양의 황금 결사단 (Orde Aurum Solios)
티폰결사단 (Typhonian Order)

철학

카오스 마법
위카
신이교주의
텔레마

인물

디온 포춘
알레이스터 크로울리
윌리엄 그레이
제럴드 가드너
오스틴 오스만 스퀘어
케네스 그란트

더 알고 싶다면

추가적인 오컬트 관행과 활동이 궁금하다면 다음의 온라인 지침서를 활용해보자.

CallistoMediaBook.com/thebegginnersguidetotheoccult

chapter 1 토속주술

The Complete Book of Incense, Oils & Brews by Scott Cunningham (Llewellyn, 1989)

Encyclopedia of 5,000 Spells by Judika Illes (HarperOne, 2011)

Real Magic: An Introductory Treatise on the Basic Principles of Yellow Magic by Isaac Bonewits (Red Wheel, 1989)

Throwing the Bones: How to Foretell the Future with Bones, Shells, and Nuts by Catherine Yronwode (Lucky Mojo Curio Company, 2012)

Voodoo and Afro-Caribbean Paganism by Lilith Dorsey (Citadel, 2005)

chapter 2 마녀술

Drawing Down the Moon: Witches, Druids, Goddess-Worshippers, and Other Pagans in America by Margot Adler (Penguin Books, 2006)

The Elements of Ritual: Air, Fire, Water & Earth in the Wiccan Circle by Deborah Lipp (Llewellyn, 2003)

Magical Power for Beginners: How to Raise & Send Energy for Spells That Work by Deborah Lipp (Llewellyn, 2017)

Traditional Wicca: A Seeker's Guide by Thorn Mooney (Llewellyn, 2018)

chapter 3 점성술

Astro Gold (Cosmic Apps Pty): available on your phone or device's app store

Astrodienst: Astro.com, The World's Best Horoscopes (for chart drawing, analysis, and articles)

Astrology for Yourself: How to Understand and Interpret Your Own Birth Chart by Douglas Block and Demetra George (Ibis Press, 2006)

Astrology: Using the Wisdom of the Stars in Your Everyday Life by Carole Taylor (DK Publishing, 2018)

China Highlights, "Chinese Zodiac Signs": ChinaHighlights.com /travelguide/chinese-zodiac

Hellenistic Astrology: The Study of Fate and Fortune by Chris Brennan (Amor Fati Publications, 2017)

Llewellyn's Daily Planetary Guide (published annually by Llewellyn)

"Master Tsai Chinese Five Element Astrology": ChineseFortuneCalendar .com/Chineseastrology.htm

TimePassages (AstroGraph Software): available on your phone or device's app store

chapter 4 수비학

Cheiro's Book of Numbers by Cheiro (Ancient Wisdom Publications, 2015) (Chaldean)

The Complete Book of Numerology: Discovering the Inner Self by David A. Phillips (Hay House, 2005) (Pythagorean)

Sacred Geometry: An A-Z Reference Guide by Marilyn Walker (Rockridge Press, 2020)

chapter 5 연금술

Ancient Astrology, "The Planetary Rulership of Plants": AncientAstrology.org/articles-/the-planetary-rulership-of-plants

Alchemy Lab, planetary charts: AlchemyLab.com/planetary_charts.htm

Alchemy & Mysticism: The Hermetic Museum by Alexander Roob (Taschen, 2014)

The Alchemy Reader: From Hermes Trismegistus to Isaac Newton, edited by Stanton J. Linden (Cambridge University Press, 2003)

The Complete Idiot's Guide to Alchemy by Dennis William Hauck (Alpha Books, 2008)

Cunningham's Encyclopedia of Magical Herbs by Scott Cunningham (Llewellyn, 8th ed., 2003)

Esoterica, the YouTube channel of Dr. Justin Sledge: YouTube.com/channel/UCoydhtfFSk1fZXNRnkGnneQ

The Secrets of Alchemy by Lawrence M. Principe (The University of Chicago Press, 2012)

Sorcerer's Stone: A Beginner's Guide to Alchemy by Dennis William Hauck (Crucible Books, 2013)

chapter 6 카발라

777 and Other Qabalistic Writings of Aleister Crowley by Aleister Crowley (Weiser Books, 1982)

A Garden of Pomegranates: Skrying on the Tree of Life by Israel Regardie (Llewellyn, 1995)

The Mystic Quest: An Introduction to Jewish Mysticism by David S. Ariel (Rowman & Littlefield, 1988)

The Mystical Qabalah by Dion Fortune (Weiser Books, 2000)

Qabalah for Wiccans: Ceremonial Magic on the Pagan Path by Jack Chanek (Llewellyn, 2021)

The Shining Paths: An Experiential Journey Through the Tree of Life by Dolores Ashcroft-Nowicki (Thoth Publications, 1997)

chapter 7 제식마법

20th Century Magic and the Old Religion: Dion Fortune, Christine Hartley, Charles Seymour by Alan Richardson (Llewellyn, 1991)

The Astrum Argentium: AstrumArgenteum.org/en/home/

The Book of the Law by Aleister Crowley (Weiser Books, 1987)

Builder of the Adytum: BOTA.org

The Essential Enochian Grimoire: An Introduction to Angel Magick from Dr. John Dee to the Golden Dawn by Aaron Leitch (Llewellyn, 2014)

Foundations of High Magick: The Magical Philosophy by Melita Denning and Osborne Phillips (Book Sales, 2000)

Grimoires: A History of Magic Books by Owen Davies (Oxford University Press, 2009)

The Hermetic Order of the Golden Dawn: HermeticGoldenDawn.org

Liber Null & Psychonaut: An Introduction to Chaos Magic by Peter J. Carroll (Weiser Books, 1987)

Modern Magick: Eleven Lessons in the High Magickal Arts (Second Edition) by Donald Michael Kraig (Llewellyn, 1988)

Ordo Templi Orientis: OTO.org

Sigil Maker (Ikapel Media): available on your phone or device's app store

The Society of Inner Light: InnerLight.org.uk

Sword of Wisdom: MacGregor Mathers and the Golden Dawn by Ithell Colquhoun (G.P. Putnam's Sons, 1975)

Women of the Golden Dawn: Rebels and Priestesses by Mary K. Greer (Park Street Press, 1995)

chapter 8 타로

Aeclectic Tarot (the most illustrated and possibly the largest collection of tarot reviews in the world): Aeclectic.net

Labyrinthos (decks and articles): Labyrinthos.co

Mastering the Tarot: Basic Lessons in an Ancient, Mystic Art by Eden Gray (Crown, 1973)

Pamela Colman Smith: The Untold Story by Stuart R. Kaplan with Mary K. Greer, Elizabeth Foley O'Connor, and Melinda Boyd Parsons (U.S. Games Systems, 2018)

Queer Tarot: List of Queer Tarot Decks: QueerTarot.cards/list-of-queer-tarot-decks

Seventy-Eight Degrees of Wisdom: A Tarot Journey to Self-Awareness by Rachel Pollack (Weiser, 2019)

Tarot Garden (sorted by topic): TarotGarden.com

Tarot Interactions: Become More Intuitive, Psychic & Skilled at Reading Cards by Deborah Lipp (Llewellyn Publications, 2015)

Tarot Magic: Ceremonial Magic Using Golden Dawn Correspondences by Donald Tyson (Llewellyn, 2018)

Tarot Spells by Janina Renée (Llewellyn, 2000)

Tarot Spreads: Layouts & Techniques to Empower Your Readings by Barbara Moore (Llewellyn, 2012)

Understanding the Tarot Court by Mary K. Greer and Tom Little (Llewellyn, 2004)

참고문헌

Adler, Margot. *Drawing Down the Moon: Witches, Druids, Goddess-Worshippers and Other Pagans in America*. New York: Penguin Books, 2006.

Agrippa, Heinrich Cornelius, and Donald Tyson (ed). *Three Books of Occult Philosophy: The Foundation Book of Western Occultism*. Portland, OR: Llewellyn, 2018.

Ask Astrologer. "Pythagoras Numerology." Accessed February 20, 2021. AskAstrologer.com/pythagoras-numero.html#.

Astro Databank. "Adams, Evangeline." Accessed March 10, 2021. Astro.com/astro-databank/Adams,_Evangeline.

Attrell, Dan, and David Porreca (trans). *Picatrix: A Medieval Treatise on Astral Magic*. Written by Maslama ibn Ahmad al-Majriti. University Park, PA: Penn State University Press, 2019.

Barrett, Frances. *The Magus: A Complete System of Occult Philosophy*. York Beach, ME: Weiser, 2000.

Bayit: Building Jewish. "The Four Worlds." Accessed April 4, 2021. YourBayit.org/the-four-worlds.

BecVar, Brent. "Introduction to Jyotish: Vedic Astrology." Chopra. November 7, 2013. Chopra.com/articles/introduction-to-jyotish-vedic-astrology.

Betz, Hans Dieter (ed). *The Greek Magical Papyri in Translation, Including the Demotic Spells*. Chicago: University of Chicago Press, 1986.

Beyer, Catherine. "Alchemical Sulfur, Mercury, and Salt in Western Occultism." Learn Religions. Updated July 3, 2019. LearnReligions.com/alchemical-sulfur-mercury-and-salt-96036.

Beyer, Catherine. "Planetary Intelligence Sigils of Western Occult Tradition." Learn Religions. Updated December 7, 2017. LearnReligions.com/planetary-intelligence-sigils-4123076.

Beyer, Catherine. "Planetary Magical Squares." Learn Religions. Updated January 20, 2019. LearnReligions.com/planetary-magical-squares-4123077.

Blackledge, Catherine, "The Man Who Saw The Future—A Biography of William Lilly: The 17th-Century Astrologer Who Changed the Course of the English Civil War." Astrodienst. Accessed February 11, 2021. Astro.com/astrology/in_lilly_e.htm.

Blyth, Maria. "Pamela Colman Smith: Tarot's High Priestess." *Cunning Folk*. October 29, 2020. Cunning-Folk.com/read-posts/pamela-colman-smith-tarots-high-priestess.

Bonewits, Isaac. *Witchcraft: A Concise Guide*. Earth Religions Press, 2003.

Bonner, Anthony. *The Art and Logic of Ramon Llull: A User's Guide*. Leiden, Netherlands: Brill, 2007.

Budge, E. A. Wallis. *Egyptian Magic*. Charleston, SC: BiblioBazaar, 2008.

Bustamonte, Star. "Two Projects Bring Attention to 'Witch-Hunts.'" *The Wild Hunt*. February 10, 2021. WildHunt.org/2021/02/two-projects-bring-attention-to-witch-hunts.html.

Cafe Astrology. "Numerology." Accessed March 2, 2021. CafeAstrology.com/numerology.html.

Carl Jung Resources. "Jung and Alchemy." Accessed March 20, 2021. Carl-Jung.net/alchemy.html.

Cheiro. *Cheiro's Book of Numbers*. Toronto, Canada: Ancient Wisdom Publications, 2015.

Chinese Fortune Calendar. "Master Tsai Chinese Five Element Astrology." Accessed March 30, 2021. ChineseFortuneCalendar.com/Chineseastrology.htm.

Christino, Karen. "A Brief Biography of Evangeline Adams." *Skyscript*. Accessed March 30, 2021. Skyscript.co.uk/adams.html.

Conniff, Richard. "Alchemy May Not Have Been the Pseudoscience We All Thought It Was." *Smithsonian Magazine*. February 2014. SmithsonianMag.com/history/alchemy-may-not-been-pseudoscience-we-thought-it-was-180949430.

Credo Quia Absurdum. "The Seven Stages of Alchemy." February 19, 2019. QuiaAbsurdum.com/the-seven-stages-of-alchemy.

Cunningham, Scott. *Cunningham's Encyclopedia of Magical Herbs*. Portland, OR: Llewellyn, 1987.

Cunningham, Scott. *Wicca: A Guide for the Solitary Practitioner*. Portland, OR: Llewellyn, 1989.

Denisoff, Dennis. "The Hermetic Order of the Golden Dawn, 1888-1901." *BRANCH*. January 2013. BranchCollective.org/?ps_articles=dennis-denisoff-the-hermetic-order-of-the-golden-dawn-1888-1901.

Encyclopaedia Britannica Online. s.v. "Helena Blavatasky: Russian Spiritualist." Accessed April 5, 2021. Britannica.com/biography/Helena-Blavatsky.

Edwards, Steven A. "Paracelsus, the Man Who Brought Chemistry to Medicine." *The American Association for the Advancement of Science*. March 2, 2012. AAAS.org/paracelsus-man-who-brought-chemistry-medicine.

Encyclopedia.com. "Zosimos Of Panopolis." Accessed March 19, 2021. Encyclopedia.com/science/dictionaries-thesauruses-pictures-and-press-releases/zosimos-panopolis.

English, Ali. "First Steps in Alchemy—Spagyric Tincture Making with Meadowsweet." The Eldrum Tree (blog). August 25, 2015. Eldrum.co.uk/2015/08/25/first-steps-in-alchemy-spagyric-tincture-making-with-meadowsweet.

Enter Alchemy (blog). "Spagyric Elixirs Pt. 1: Planetary Hours and Maceration." Accessed March 20, 2021. EnterAlchemy.wordpress.com/2014/03/12/spagyric-elixirs-pt-1-planetary-hours-and-maceration.

Enter Alchemy (blog). "Spagyric Elixirs Pt. 2: Calcination." Accessed March 20, 2021. EnterAlchemy.wordpress.com/2014/03/12/spagyric-elixirs-pt-2-calcination.

Enter Alchemy (blog). "Spagyric Elixirs Pt. 3: Further Calcination and Cohobation." Accessed March 20, 2021. EnterAlchemy.wordpress.com/2014/03/14/spagyric-elixirs-pt-3-further-calcination-and-cohobation.

Evolved Alchemy. "What is Spagyrics?" Accessed March 22, 2021. EvolvedAlchemy.com/what-is-spagyrics.

Faulkner, Kevin. "Scintillae Marginila: Sparkling Margins—Alchemical and Hermetic Thought in the Literary Works of Sir Thomas Browne." The Alchemy Web Site. 2002. Levity.com/alchemy/sir_thomas_browne.html.

Fletcher, Karhlyle. "Spagyric Cannabis Extraction Offers True, Full-Spectrum Tinctures." Cannabis Tech. March 5, 2020. CannabisTech.com/articles/spagyric-cannabis-extraction-offers-true-full-spectrum-tinctures.

Fortune, Dion. *The Mystical Qabalah.* York Beach, ME: Weiser Books, 2000.

Frazer, Sir James George. *The New Golden Bough: A New Abridgment of the Classic Work*. New York: Criterion Books, 1959.

Freeman, Tzvi. "Da'at: The Knowing I." Chabad.org. Accessed April 4, 2021. Chabad.org/library/article_cdo/aid/299648/jewish/Daat.htm.

Fulgur. "Austin Osman Spare." Accessed April 10, 2021. fulgur.co.uk/artists-and-writers/austin-osman-spare.

Gardner, Gerald Brousseau. *Witchcraft Today*. New York: Citadel Press, 2004.

Ghost City Tours blog. "Marie Laveau, the Voodoo Queen of New Orleans." Accessed March 1, 2021. GhostCityTours.com/new-orleans/marie-laveau/.

Guiley, Rosemary Ellen. *The Encyclopedia of Magic and Alchemy*. New Milford, CT: Visionary Living, 2006.

Guiley, Rosemary Ellen. *The Encyclopedia of Witches and Witchcraft*. New York: Facts on File, 1989.

Guinness World Records. "Most Accurate Value of Pi." Accessed April 23, 2021. GuinnessWorldRecords.com/world-records/66179-most-accurate-value-of-pi.

Hames, Harvey J. *The Art of Conversion: Christianity and Kabbalah in the Thirteenth Century*. Leiden, Netherlands: Brill, 2000.

Hauck, Dennis William. *Sorcerer's Stone: A Beginner's Guide to Alchemy*. New York: Citadel Press, 2004.

Heselton, Philip. *Witchfather: A Life of Gerald Gardner*(Vols. 1 and 2). Leicestershire, UK: Thoth Publications, 2012.

Hoeller, Stephan A. "C. G. Jung and the Alchemical Renewal." The Gnosis Archive. Accessed March 20, 2021. Gnosis.org/jung_alchemy.htm.

Honorius of Thebes and Joseph Peterson (trans). *The Sworn Book of Honorius: Liber Iuratus Honorii*. Lake Worth, FL: Ibis Press, 2016.

Horn, Mark. "Kabbalah, Cabala or Qabalah: What's Up with These Different Spellings?" Gates of Light Tarot (blog). January 11, 2018. GatesOfFlightTarot.com/blog/2017/9/3/kabbalah-cabala-or-qabbalah-whats-up-with-all-these-different-spellings.

Hutton, Ronald. *The Triumph of the Moon: A History of Modern Pagan Witchcraft*. Oxford: Oxford University Press, 1999.

Javed, Syed Tariq. "Cheiro, a Mysterious Palmist." Horus, the Astro-Palmist (blog). July 20, 2016. HorusAstroPalmist.wordpress.com/tag/count-louis-hamon.

Jewish Virtual Library. "Gematria." Accessed February 20, 2021. JewishVirtualLibrary.org/gematria-2.

Jewish Virtual Library. "Isaac Ben Solomon Luria (1534–1572)." Accessed April 3, 2021. JewishVirtualLibrary.org/isaac-ben-solomon-luria.

Jewish Virtual Library. "Kabbalah: The Zohar." Accessed April 3, 2021. JewishVirtualLibrary.org/the-zohar.

Jiang, Fercility. "Chinese Zodiac." China Highlights. March 22, 2021. ChinaHighlights.com/travelguide/chinese-zodiac.

Kaczynski, Richard. *Perdurabo: The Life of Aleister Crowley*. Berkeley, CA: North Atlantic Books, 2010.

Kaplan, Stuart R. *The Encyclopedia of the Tarot: Volume 1*. Stamford, CT: U.S. Games Systems, 1978.

Konraad, Sandor. *Numerology: Key to the Tarot*. Whitford Press, 1983.

Kraig, Donald Michael. *Modern Magick: Eleven Lessons in the High Magickal Arts*. 2nd ed. Portland, OR: Llewellyn, 1988.

Labyrinthos. "The Seven Stages of Alchemical Transformation: A Spiritual Metaphor (Infographic)." Labyrinthos blog. December 9, 2016. Labyrinthos.co/blogs/learn-tarot-with-labyrinthos-academy/the-seven-stages-of-alchemical-transformation-a-spiritual-metaphor-infographic.

Leiberman, Shimon. "Kabbala #9: Daat – The Bridge Between Idea and Reality." Aish.com. Accessed April 4, 2021. Aish.com/sp/k/Kabbala_9_Daat_-_The_Bridge_Between_Idea_and_Reality.html.

Leitch, Aaron. *The Essential Enochian Grimoire: An Introduction to Angel Magick from Dr. John Dee to the Golden Dawn*. Portland, OR: Llewellyn, 2014.

Leland, Charles Geoffrey. *Aradia: Gospel of the Witches*. Blaine, WA: Phoenix Publishing, 1990.

LGBT Health & Wellbeing. "An Interview with Trans Icon Rachel Pollack." Accessed April 7, 2021. LGBTHealth.org.uk/lgbt-health-blog/interview-rachel-pollack.

Lindahl, Carl, John McNamara, and John Lindow, ed. *Medieval Folklore: A Guide to Myths, Legends, Tales, Beliefs, and Customs*. New York: Oxford University Press, 2002.

Masé, Guido. "A Brief Recipe for Making a Spagyric Extract of Peppermint (Mentha piperita)." Vermont Center for Integrative Herbalism. Accessed March 20, 2021. VTHerbCenter.org/wp-content/uploads/2012/04/A-brief-recipe-for-making-a-spagyric-extract-of-Peppermint.pdf.

Mathers, Samuel Liddell MacGregor (trans). *The Goetia: The Lesser Key of Solomon the King (Clavicula Salomonis Regis)*. York Beach, ME: Weiser, 1995.

Mathers, Samuel Liddell MacGregor (trans). *The Key of Solomon the King (Clavicula Salomonis)*. York Beach, ME: Weiser, 2000.

Means, Ja'Quintin. "Famous Alchemist: Zosimos of Panopolis." The Wondering Alchemist (blog). April 2, 2020. TheWonderingAlchemist.com/blog/famous-alchemist-zosimos-of-panopolis.

Medieval Life and Times. "Medieval Craft Guilds." Accessed April 5, 2021. Medieval-Life-And-Times.info/medieval-england/medieval-craft-guilds.htm.

Mehrtens, Sue. "Jung on Numbers." Jungian Center for the Spiritual Sciences. Accessed February 12, 2021. JungianCenter.org/jung-on-numbers.

Melton, J. Gordon. "Rosicrucian: Religion." In *Encyclopaedia Britannica Online*. Accessed April 5, 2021. Britannica.com/topic/Rosicrucians.

Mer-Amun. "What is 'Pathworking'?" Dreaming at the Feet of Hades. August 2008. DreamingHades.com/articles/pathworking/what-is-pathworking.

Metzger, Jane. "How To Make Herbal Glycerites: Tinctures Without Alcohol." *The Herbal Academy*. April 30, 2014. TheHerbalAcademy.com/how-to-make-herbal-glycerites-tinctures-without-alcohol.

Modern Ghana. "Akua Denteh Foundation Inaugurated." September 1, 2020. ModernGhana.com/news/1026751/akua-denteh-foundation-inaugurated.html.

Montufar, Narayana. "The Revival of Traditional Astrology: An Interview with Chris Brennan." Astrology.com. January 17, 2020. Astrology.com/article/traditional-astrology-revival-chris-brennan-interview.

Murray, Margaret Alice. *The Witch-Cult in Western Europe: A Study in Anthropology*. London, UK: Aziloth Books, 2019.

The National Archives. "A Witch's Confession." Accessed February 16, 2021. NationalArchives.gov.uk/education/resources/early-modern-witch-trials/a-witchs-confession.

Patterson, Steve. *Cecil Williamson's Book of Witchcraft: A Grimoire of the Museum of Witchcraft*. Woodbury, MN: Llewellyn, 2020.

Pelham, Libby. "The Biography of Evangeline Adams." Explore Astrology. Updated June 16, 2016. ExploreAstrology.co.uk/thebiographyofevangelineadams.html.

Pitzl-Waters, Jason. "Donald Michael Kraig 1951 – 2014." The Wild Hunt. March 18, 2014. WildHunt.org/2014/03/donald-michael-kraig-1951-2014.html.

Pollack, Rachel. "Rachel Pollack." Accessed April 7, 2021. RachelPollack.com/bio.

Pollack, Rachel. *Seventy-Eight Degrees of Wisdom: A Tarot Journey to Self-Awareness*. 3rd ed., revised. Newburyport, MA: Weiser Books, 2019.

Professional Numerology (blog). "Pythagorean Numerology." Accessed February 20, 2021. ProfessionalNumerology.com /pythagoreansystem.html.

Ratzabi, Hila. "What Is Gematria?" My Jewish Learning. Accessed February 20, 2021. MyJewishLearning.com/article/gematria.

Ray, Sharmistha. "Reviving a Forgotten Artist of the Occult." Hyperallergic. March 23, 2019. Hyperallergic.com/490918/pamela-colman-smith -pratt-institute-libraries.

Regardie, Israel. *The Golden Dawn: The Original Account of the Teachings, Rites & Ceremonies of the Hermetic Order.* Portland, OR: Llewellyn, 2002.

Richardson, Alan. *20th Century Magic and the Old Religion: Dion Fortune, Christine Hartley, Charles Seymour*. St. Paul, MN: Llewellyn, 1991.

Robinson, George. "Isaac Luria and Kabbalah in Safed." My Jewish Learning. Accessed April 3, 2021. MyJewishLearning.com/article/isaac -luria-kabbalah-in-safed.

Roya, Will. "The History of Playing Cards: The Evolution of the Modern Deck." PlayingCardDecks.com. October 16, 2018. PlayingCardDecks .com/blogs/all-in/history-playing-cards-modern-deck.

Scarborough, Samuel. "The Vibratory Formula and Its Use in Daily Ritual Work." *Journal of the Western Mystery Tradition* 5, no. 1 (Autumnal Equinox 2003). JWMT.org/v1n5/vibratoryform.html.

Shuttleworth, Martyn. "Ancient Chinese Alchemy." Explorable. May 25, 2010. Explorable.com/chinese-alchemy.

Sledge, Justin. "Alchemy - Maria the Jewess & Prophet - Greco Egyptian Alchemy & Hermetic Philosophy." Esoterica. YouTube video, 27:38. March 12, 2021. YouTu.be/pRb9vwk14OA.

The Society of Inner Light. "Home." Accessed April 5, 2021. InnerLight .org.uk.

Sol, Mateo. "7 Stages of Spiritual Alchemy." Lonerwolf. Updated June 12, 2021. LonerWolf.com/spiritual-alchemy.

Sotheby's. "8 Things to Know About Chinese Numerology." Sotheby's blog. September 10, 2018. Sothebys.com/chinese-numerology-explained-with-diamonds.

Spooky Scotland. "Isobel Gowdie: A Witch Trial Extraordinaire in Auldearn, Scotland." Accessed February 15, 2021. SpookyScotland.net/isobel-gowdie.

Stanford Encyclopedia of Philosophy. "Heinrich Cornelius Agrippa von Nettesheim." Updated March 18, 2021. Plato.stanford.edu/entries/agrippa-nettesheim.

Stanford Encyclopedia of Philosophy. "Pythagoras." Updated October 17, 2018. Plato.stanford.edu/entries/pythagoras.

Stavish, Mark. "Practical Plant Alchemy—Part One." Alchemy Web Site. 1996. Accessed March 10, 2021. AlchemyWebsite.com/plant1.html.

Suster, Gerald. *Crowley's Apprentice: The Life and Ideas of Israel Regardie.* York Beach, ME: Weiser Books, 1990.

Telushkin, Joseph. "Kabbalah: An Overview." Jewish Virtual Library. Accessed April 3, 2021. JewishVirtualLibrary.org/kabbalah-an-overview.

Temple of the Good Game. "Kameoth of the Planets Ancient and Modern." Accessed March 2, 2021. GoodGame.org.nz/kameas.html.

Travel China Guide. "Chinese Zodiac Years Chart." Accessed March 30, 2021. TravelChinaGuide.com/intro/chinese-zodiac-years-chart.htm.

Trismegistus, Hermes. *The Corpus Hermeticum: Initiation Into Hermetics, The Hermetica Of Hermes Trismegistus.* Pantianos Classics, 2016.

Trismegistus, Hermes. *The Emerald Tablet of Hermes.* Merchant Books, 2013.

Waite, Arthur Edward. *The Pictorial Key to the Tarot: Being Fragments of a Secret Tradition under the Veil of Divination.* York Beach, ME: Weiser Books, 1990.

Warwick, Tarl (ed). *Grimoirium Verum: The True Grimoire.* CreateSpace Independent Publishing Platform, 2015.

Wigington, Patti. "Ceremonial Magic." Learn Religions. Updated November 29, 2017. LearnReligions.com/ceremonial-magic-p2-2561878.

The Wizarding World Team. "The Real Nicolas Flamel and the Philosopher's Stone." Wizarding World. July 6, 2020. WizardingWorld.com/features/the-real-nicolas-flamel-and-the-philosophers-stone.

Wright, Jaime. "Chinese Zodiac Elements: How to Know What Yours Is and What It Means." Pure Wow. February 9, 2021. PureWow.com/wellness/chinese-zodiac-elements.

Yeromiyan, Tania. "An Introduction to Chinese Numerology." Chinese Language Institute (CLI). Updated April 26, 2021. StudyCLI.org/chinese-culture/chinese-numerology/.